Table des matières

Introduction   1

Unité 1: Ma famille et moi   2

Unité 2: Les fêtes   26

Unité 3: La ville et la campagne   50

Unité 4: La vie au collège   74

Unité 5: A ta santé!   98

Unité 6: Vivent les loisirs!   122

Au secours!   144

Vocabulaire   150

Salut, les camarades!

Camarades 3 will help you learn even more French!
The book is about six friends who live in the same street.

- To help you learn, there are activities to practise:

  listening to French

  reading French

  speaking French

  writing French.

- To help you do the activities, useful words and phrases are listed in **Phrases-clés** boxes.

  Phrases-clés

  Parfois,

- These words are also listed in French and English on vocabulary sheets.

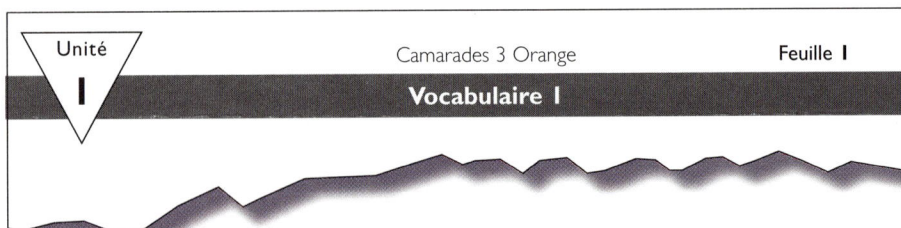

Unité I	Camarades 3 Orange	Feuille I
	Vocabulaire I	

- **Stratégie** boxes give you tips to help you understand and use French.

  Stratégie

  Listen carefully!

We hope you enjoy learning French with **Camarades 3**.

Bon travail!

Gwen Berwick

Introduction

FRANCE

Les six amis habitent
rue du Paradis, à Rouen.

NOM:
Olivier Mouchot
AGE:
14 ans
FAMILLE:
un frère, une sœur
AIME:
le sport

NOM:
Isabelle Vincent
AGE:
14 ans
FAMILLE:
deux frères
AIME:
la musique, la danse

NOM:
Marc Saunier
AGE:
13 ans
FAMILLE:
enfant unique
AIME:
la télé

NOM:
Alexandre Bois
AGE:
14 ans
FAMILLE:
un demi-frère,
une demi-sœur
AIME:
la musique

NOM:
Delphine Lassalle
AGE:
14 ans
FAMILLE:
une sœur
AIME:
les films

NOM:
Fatima Hamed
AGE:
15 ans
FAMILLE:
deux sœurs
AIME:
le volleyball,
la musique

rue du Paradis

1 Ecoute la cassette. Il y a douze conversations.
C'est qui? Ecris le nom.
Exemple: **1** Marc

Ma famille et moi

Olivier Mouchot

A Les disputes en famille

Mardi soir, chez Olivier

Au revoir!

Non, Olivier. Tu ne peux pas sortir.

Mais, Maman...

Non, c'est non!

Ce n'est pas juste! C'est ridicule!

CLAC!

1 Lis et écoute le texte.

Olivier dit «C'est ridicule!» Tu es d'accord? (oui/non)

tu es d'accord? – do you agree?

2 Ecoute la cassette (1-4). Note les lettres dans le bon ordre.

Exemple: **1 c**

Rappel	
pendant la semaine:	le week-end:
lundi mardi mercredi jeudi vendredi	samedi dimanche
l'après-midi: 12h00 → 18h00 le soir: 18h00 → 24h00	

a Je peux me coucher tard le week-end.

b Je ne peux pas me coucher tard.

c Je peux sortir le samedi soir.

d Je ne peux pas sortir pendant la semaine.

Camarades

orange

3

Gwen Berwick

Camarades orange 3

Pupil's Book
Teacher's Resource File
Teacher's Book
Cassettes (5)

Design: AMR Ltd, Bramley, Hants

Illustrations: Art Construction, David Birdsall, Janice Bocquillon, Mik Brown, Phillip Burrows, Caroline della Porta, Belinda Evans, Madeleine Hardie, Phil Healey, Ed McLachlan, Chris McLoughlin, Andrew Peters, Samantha Rugen, Sarah Warburton, Shaun Williams.

The author and publishers would like to thank the following people, without whose support we could not have created **Camarades 3 orange**:

Nathalie Froux and Laure Sirvin for native speaker consultation.
Frances Aspinall, Pam Haezewindt, Teresa Huntley, Martine Pillette and Sydney Thorne for detailed advice throughout the writing.
Caroline Woods and Steve Crossland for creating and writing the assessment programme.
Phil Horsfall for advice on the assessment sections.
Pam Haezewindt for writing the IT section.
David Kyle for taking the photographs for the story.
Sarah Provan for editing the book.

The authors and publishers also acknowledge the following for permission to use photographs and published texts:
Cover photo: J Allan Cash Photolibrary
Action Images for the photos on pp. 82 (a, d, f), 83 (bottom), 98 (chest and arms), 108, 109 (top);
Bayard Presse International for the texts on pp. 124-5 (*Okapi* No. 575) and 134-5 (*Okapi* No.588);
The Bridgeman Art Library for the photos on pp. 70 (a: Rouen Cathedral, Effects of Sunlight, Sunset, 1894 by Claude Monet (1840-1926); Musée Marmottan, Paris, France/Bridgeman Art Library, London; CREDIT PETER WILLI/ BRIDGEMAN ART LIBRARY; b: Rouen Cathedral in Full Sunlight: Harmony in Blue and Gold, 1894 by Claude Monet (1840-1926); Musée d'Orsay, Paris, France/Bridgeman Art Library, London; CREDIT GIRAUDON/BRIDGEMAN ART LIBRARY), and 71 (top left: The Waterlily Pond; Green Harmony, 1899 by Claude Monet (1840-1926); Musée d'Orsay, Paris, France/Bridgeman Art Library, London; bottom right: Etretat, 1883 by Claude Monet (1840-1926); Musée d'Orsay, Paris, France/Bridgeman Art Library, London; CREDIT GIRAUDON/BRIDGEMAN ART LIBRARY);
Bruce Coleman for the photo on p. 12;
French Picture Library for the photo on p. 17;
Gwen Berwick for the photo on p. 36;
J Allan Cash Photolibrary for the photos on pp. 42 (top right) and 43 (a);
Keith Gibson for the photos on pp. 18 (top centre), 42 (bottom left), 43 (c), 91, 109 (bottom), 120;
Rex Features for the photos on pp. 24, 48, 82 (b, c, e), 83 (top two), 85 (centre), 98 (Madonna), 134-5;
Tony Stone Images for the photo on p. 43 (b).

Recorded at Gemini Studios, London by Catherine Graham, Olivier Harris, Sébastien Korwin, Julien Lamontagne, Elise Nolder, Sophie Pageon and Sophie Turner under the direction of Daniel Pageon; produced by Graham Williams.

Thanks to the staff and pupils of Queen Elizabeth School, Wimborne, Dorset for allowing us to take photographs in and around the school. Thanks also to the following for their help with the photo story: Staff and pupils at Collège Jean Lecanuet, in particular Guillaume Giroux, Rodolphe Ménard, Claire Prieur, Zina Bourkache, Vincent Ferrand and Xavière Gliksman and their families; Elisabeth and Pierre Domergue and their family; staff at the Office du Tourisme, NAFNAF, Théâtre Maxime Gorky and the Musée Jeanne d'Arc in Rouen.

First published by Mary Glasgow Publications 1997

ISBN 0 7487 2347 1

99 00 01 / 10 9 8 7 6 5 4 3

Mary Glasgow Publications
An imprint of Stanley Thornes (Publishers) Ltd
Ellenborough House, Wellington Street, Cheltenham, GL50 1YW

A catalogue record for this book is available from the British Library.

Printed and bound in Italy by Canale.

3 Recopie les noms. Pour chaque personne, dessine ☺ ou ☹.

> Je peux sortir avec mes amis tous les soirs. C'est super!
> *Kader*

> Je peux me coucher tard le week-end, et pendant la semaine.
> *Bruno*

> Je ne peux pas sortir le dimanche.
> *Patrick*

> Je ne peux pas me coucher tard pendant la semaine. Ce n'est pas juste!
> *Alice*

> Je ne peux pas sortir avec mes amis le mercredi soir.
> *Sophie*

> Je peux me coucher tard.
> *Sabine*

4 A deux, discutez de ces situations. C'est raisonnable? 👍 Ce n'est pas juste? 👎

A
> «Je ne peux pas sortir le lundi soir.»
> *Oui, c'est raisonnable.*

> *Mais non, ce n'est pas juste!* **B**

Les situations:

«Je ne peux pas sortir le lundi soir.»
«Je ne peux pas sortir le vendredi soir.»
«Je ne peux pas sortir le samedi après-midi.»
«Je ne peux pas me coucher tard le dimanche.»
«Je ne peux pas me coucher tard le week-end.»

5 a Ecoute la cassette (1-4).
Quand est-ce que chaque personne peut **sortir**?
Ecris 'S' (pendant la semaine) ou 'W' (le week-end).
Exemple: **1** S

b Ecoute 5-8.
Quand est-ce que chaque personne peut **se coucher tard**?
Ecris 'S' ou 'W'.

Phrases-clés		
Je peux Je ne peux pas	me coucher tard sortir	pendant la semaine le week-end le samedi soir
Tu peux	te coucher tard sortir	

6 *A toi!* C'est strict, chez toi? Ecris tes réponses:
1 Tu peux te coucher tard pendant la semaine?
2 Tu peux te coucher tard le week-end?
3 Tu peux sortir pendant la semaine?
4 Tu peux sortir le week-end?

> Regarde l'exercice 3 et les **Phrases-clés** pour t'aider.

B Famille, amis ou solitude?

1 Je regarde la télé 2 J'écoute de la musique 3 Je sors 4 Je vais au collège

avec ma famille
(mon père, ma mère,
mon frère, ma sœur)

avec mes amis

seul

seul	seule

1 Ecoute Olivier.
Pour chaque activité (1-4), écris 'F' (famille), 'A' (amis) ou 'S' (seul).

2 Ecoute cinq amis d'Olivier. Ecris 'F', 'A' ou 'S'.

3 1 Pose ces questions à ton/ta partenaire.
2 Note 'F', 'A' ou 'S'.
3 Qui fait le plus avec sa famille, toi ou ton/ta partenaire?

le plus – the most

Questions
- Tu regardes la télé avec qui?
- Tu écoutes de la musique avec qui?
- Tu sors avec qui?
- Tu vas au collège avec qui?

Exemple:

A Tu regardes la télé avec qui?

Avec ma famille. Et toi? B

A Parfois avec ma famille, parfois avec mes amis.

parfois = quelquefois

4 Relie les phrases et les images.

Exemple: **1 e**

1 Je regarde la télé avec ma mère.
2 J'écoute de la musique avec mes amis.
3 Parfois, je regarde la télé avec mon frère. Parfois, je regarde la télé seule.
4 Je vais au collège avec ma demi-sœur.
5 Le week-end, je sors avec mes amis.
6 J'écoute de la musique seul.
7 Le dimanche, je sors avec ma famille.
8 Je vais au collège seul.

a   **b**   **c**   **d**

e   **f**   **g**   **h**

Phrases-clés					
Parfois,	je regarde la télé	seul ⚊		seule ⚊	
	j'écoute de la musique	avec	ma mère	ma sœur	ma demi-sœur
	je sors		mon père	mon frère	mon demi-frère
	je vais au collège		ma famille	mes amis	

5 *A toi !*

1 Regarde les **Phrases-clés**.
2 Décris-toi. Ecris 4-8 phrases.

Exemples:
Je vais au collège avec mes amis.
Parfois, je regarde la télé seul(e).
Parfois, je regarde la télé avec ma famille...

C Une journée typique: calme ou chaos?

Le matin, c'est le chaos!
Je me réveille à sept heures...

...mais je me lève à sept heures et demie.

Vite, Olivier! Lève-toi!

Je me lave *après* ma sœur.

Dépêche-toi!

Deux minutes!

Après le collège, je fais mes devoirs.

Tu peux m'aider?

Non.

Le soir, c'est calme chez moi. Je me relaxe. J'écoute de la musique.

Je me couche à neuf heures et demie.

Au lit!

Mais le film...!

Non!

a Lis et écoute le roman-photo.
b Regarde les images ⇩.
   Ecris les lettres dans le bon ordre.

a　　b　　c　　d　　e

c Recopie une phrase pour chaque image.
Exemple: **b** Je me réveille.

Phrases-clés

Je me lève.
Je me couche.
Je me lave.
Je me réveille.
Je me relaxe.

Point langue ▶▶ p.9

| je **me** lève | je **?** lave |

2
a Trouve les mots. *Exemple:* **1** collège
b Recopie les numéros des phrases dans l'ordre logique.

1 Je vais au _____ à 8h00.
2 Je me lève à _____.
3 Le soir, je regarde _____.
4 Je _____ lave à 7h20.
5 Je me réveille _____ 7h00.
6 _____ me couche à 22h00.
7 Après le collège, je fais _____.

collège	Je	la télé	me
7h15	à	mes devoirs	

3
a Olivier pose des questions à son ami, Cédric.
Note les réponses. *Exemple:* **1** 7h30
b Regarde la routine d'Olivier (roman-photo, page 6).
Combien de réponses sont identiques?

Questions
1 Tu te réveilles à quelle heure?
2 Tu te lèves à quelle heure?
3 Tu te laves à quelle heure?
4 Tu vas au collège à quelle heure?
5 Qu'est-ce que tu fais après le collège? (devoirs/musique/télé)
6 Qu'est-ce que tu fais le soir? (devoirs/musique/télé)
7 Tu te couches à quelle heure?

4
a Imagine les réponses de ton/ta partenaire
aux questions 1–7. Ecris des notes.
b Pose les questions à ton/ta partenaire.
Prédiction correcte = 1 point.

A Tu te réveilles à quelle heure?

Je me réveille à 7h30. **B**

5
a Recopie la bonne phrase pour l'image.
Chez moi, le matin, c'est le chaos.
Chez moi, le matin, c'est le calme.
b Dessine et décris le matin chez toi!

6 *A toi!* Décris une journée typique:
Réponds aux questions 1-7.
Adapte les phrases de l'exercice 2.

D Point langue

Le présent (the present tense)

1 Recopie et complète les phrases.
Exemple: **1** Je regarde la télé.

| fais | joue | regarde |
| sors | écoute | vais |

1 Je _____ la télé.　**2** J'_____ de la musique.　**3** Je _____ au foot.

4 Je _____ au collège.　**5** Je _____ avec mes amis.　**6** Je _____ mes devoirs.

2 Relie les questions et les réponses. *Exemple:* **1 E**

1 Tu vas au collège à quelle heure?
2 Tu fais tes devoirs seul?
3 Qu'est-ce que tu regardes à la télé?
4 Tu joues au foot?
5 Tu écoutes la radio, le soir?
6 Tu sors, le soir?

A Non, j'écoute des CD.
B Non, mais je joue au tennis.
C Non, je fais mes devoirs avec mon frère.
D Parfois, je sors avec mes amis.
E Je vais au collège à huit heures.
F Je regarde le sport.

3 Regarde les images.
Fais les anagrammes. Ecris les phrases dans le bon ordre.

La journée de Paul, fana de foot

1 L'après-midi, Paul **degarre** un match de foot.
2 Il **afti** beau.
3 Il **océtue** les résultats à la radio.
4 Paul **ouje** au football.
5 Le samedi matin, Paul **av** au parc.
6 Le soir, il **tros** avec ses amis.

Les verbes réfléchis (reflexive verbs)

se laver: to wash oneself, get washed	
je **me** lave	I get washed
tu **te** laves	you get washed
il **se** lave	he gets washed
elle **se** lave	she gets washed

Regarde la différence!
je lave la voiture – I wash the car
je **me** lave – I wash **myself**

1 Recopie les mots dans le bon ordre.
Exemple: **1** tu te réveilles

1 te réveilles tu
2 relaxe il se
3 je couche me
4 réveille se elle

5 te couches tu
6 me je lave
7 lève elle se
8 relaxes tu te

Un autre verbe similaire = **s'appeler** (to be called):
je m'appelle, tu t'appelles, il s'appelle, elle s'appelle

2 Recopie et complète ces conversations.
● Bonjour, tu _____ comment?
■ Je _____ Yannick.
● Tu _____ à quelle heure, le lundi matin?
■ Je _____ à sept heures.
● Tu _____ à quelle heure, le samedi soir?
■ Je _____ à dix heures du soir.

me couche   te lèves   m'appelle   te couches   t'appelles   me lève

3 Recopie une phrase pour chaque image.

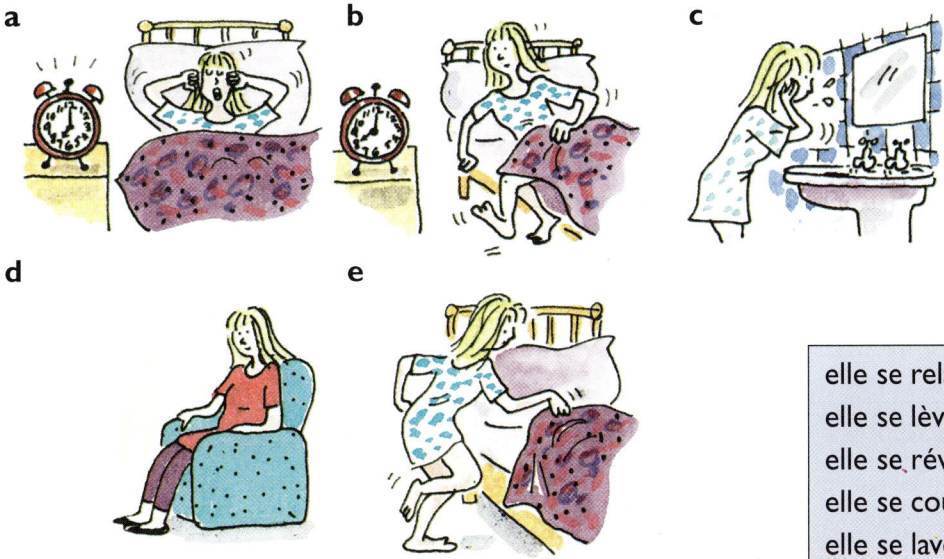

a   b   c

d   e

elle se relaxe
elle se lève
elle se réveille
elle se couche
elle se lave

E La bande d'Olivier

Voici Daniel.
Il est sportif.

Ça, c'est Jules.
Il est dingue!

Voici ma bande...

Mon meilleur
ami s'appelle Cédric.
Il est marrant!

Voici Sébastien.
Il est très gentil.

Voici Nic. Il est
vraiment très cool!

Et moi?
Je suis vraiment
sympa, bien sûr...!

a Lis et écoute le texte.

b Regarde les photos. Relie les mots français avec les mots anglais.
Exemple: sympa – nice

| sympa   sportif   dingue   marrant   gentil   cool |

| cool   crazy, mad   funny, a laugh   kind   sporty   nice |

Phrases-clés			
Mon meilleur ami s'appelle...		Ma meilleure amie s'appelle...	
Il est	sympa cool dingue marrant gentil sportif	Elle est	sympa cool dingue marrante gentille sportive

69 **2** A deux!

- Partenaire **A** lit une description.
- Partenaire **B** identifie l'ami.

Exemple:

A
Il est marrant.

C'est Cédric.
B

3 Ton ami(e) idéal(e): écris les descriptions dans deux listes:

Exemple:

Important	Pas important
sympa	cool

4 **a** Lis les quatre descriptions. Identifie les images.

Exemple: Image **a** = (nom)

a  **b**  **c**  **d**

Ma meilleure amie s'appelle Françoise. Elle est cool!

Ma meilleure amie s'appelle Magali. Elle est sympa et très gentille.

Ma meilleure amie s'appelle Sylvie. Elle est sportive. Elle adore le sport.

Ma meilleure amie s'appelle Alice. Elle est dingue! Elle est très marrante.

b Ecoute la cassette et vérifie tes réponses.

5 *A toi!* Fais la description:

1 de ton meilleur ami/ta meilleure amie
2 de tes autres ami(e)s.

Exemple:

Mon meilleur ami s'appelle Barry. Il est marrant.
Mon ami Steven est sportif.

F Infos: familles, bandes et tribus

I Nature-test

a Lis les phrases 1-4. Réponds 'vrai' ou 'faux'.
b Lis l'article et vérifie tes réponses.

1 A tribe of gorillas has no leader.
2 Gorillas are vegetarians.
3 The male seahorse gives birth to the young.
4 Seahorses have two or three young at a time.

Les gorilles

Dans une tribu de gorilles, il y a un mâle dominant. Il prend toutes les décisions.

Le mâle dominant est le père de tous les bébés de la tribu.

Les gorilles ne sont pas violents. Ils mangent des plantes et des fruits. En conséquence, ils ont un grand problème de flatulence!

la poche

L'hippocampe

C'est le papa hippocampe qui a les bébés! Comment?

Le mâle a une sorte de poche. La femelle dépose ses œufs dans la poche du mâle.

Après 10 à 50 jours, environ 300 bébés quittent la poche de leur père.

Stratégies

• Read the questions, then skim through the text to look for the information you need.

• Remember, you don't have to understand every word – only the words you need to answer the question. For example in the last sentence you only need to understand *300 bébés*.

• Some words look or sound like English words, eg *mâle, femelle, bébé*. How many more can you find?

2 Voici un sondage sur les amis.
Trouve les expressions françaises (<u>soulignées</u> dans l'article):

1 young people
2 have no friends
3 pupils
4 foreign
5 at least seven friends

Les chiffres clés

____% des adolescents français ont <u>au moins sept amis</u> de classe.

____% des 16-18 ans <u>n'ont pas d'ami</u> à l'école.

____% des <u>jeunes</u> français ont au moins un ami d'origine <u>étrangère</u>.

____% des <u>élèves</u> forment un couple.

3 Peux-tu deviner les résultats?

a Ecris dans le bon ordre: 1% 4% 41% 43%
b Ecoute les résultats sur la cassette pour vérifier.

4 a *A toi!* Réponds à ces questions. Ecris le numéro.
Exemple: 1 trois

1 Tu as combien d'amis dans la classe?
2 Tu as combien d'amis à l'école?
3 Tu as combien d'amis chez toi?
4 Tu as combien d'amis d'origine étrangère?

Tu peux inventer tes réponses.

b Pose les questions à ton/ta partenaire.
Note les résultats.

Exemple: 3 Sean a trois amis chez lui.
Moi, j'en ai un.

Je voudrais parler au mâle dominant de la tribu de ma fille.

G Tu parles avec qui?

Je parle de sport avec ma grand-mère.

Je parle de mes projets avec mon grand-père.

Je parle de l'école avec mes parents.

Je parle de mes problèmes avec ma petite amie, Elsa. Je ne parle pas avec mon frère!

Je parle de musique avec mon ami, Nic.

I Lis et écoute le texte.

2 a Devine: qui parle (1-6), une fille ou un garçon?

Exemple: **I** une fille

I Je parle de mes problèmes avec ma mère.
2 Je parle de sport avec mon père.
3 Je parle de mes problèmes avec mon grand-père.
4 Je parle de l'école avec ma sœur.
5 Je parle de mes projets avec mes parents.
6 Je parle de musique avec mes amis.
7 Je parle de mes projets avec mon petit ami.

b Ecoute la cassette. C'est correct? ✓ ou ✗.

3 Fais un sondage.

Exemple:

A Tu parles de tes problèmes avec qui?

Avec ma mère. **B**

	parents	frère/sœur	grands-parents	amis	quelqu'un d'autre
problèmes	III	IIII	II	HHT II	I
musique					

Phrases-clés

Je parle	de sport de musique de mes problèmes de mes projets de l'école	avec	mes parents mon père mon frère	ma mère ma sœur
			mes grands-parents mon grand-père	ma grand-mère
			mes amis mon ami mon petit ami	mes amies mon amie ma petite amie

4 Voici un test d'un magazine.

a Ecoute: Olivier et Sébastien font le test.
Note les réponses de Sébastien. *Exemple:* **1** d
Sébastien a quel résultat?

b Fais le test. Tu as quel résultat?

> personne – no-one

Jeu-test: qui est important pour toi?

Questions

1 Tu parles de l'école avec qui?

2 Le week-end, tu sors avec qui?

3 Tu parles de tes problèmes avec qui?

4 Tu regardes la télé avec qui?

5 Tu parles de musique avec qui?

6 Tu parles de tes projets avec qui?

Réponses

a avec mon père/ma mère

b avec mon grand-père/
ma grand-mère

c avec mon frère/ma sœur

d avec mon ami(e)/mes amis

e avec personne

Résultats

Beaucoup de réponses **a**
Bravo! Tu as de bonnes relations avec tes parents.

Beaucoup de réponses **b**
Tu as de la chance! Tu as des grands-parents sympas.

Beaucoup de réponses **c**
Ton frère/ta soeur, c'est aussi un(e) ami(e)!

Beaucoup de réponses **d**
Tu as de la chance! Tu as de bons amis.

Beaucoup de réponses **e**
Tu préfères être seul(e). Mais parler, c'est bien aussi!

Des réponses variées
Tu as vraiment de la chance! Tu as une famille et des amis sympas.

5 *A toi!* Tu parles avec qui?
Regarde les **Phrases-clés**. Ecris cinq phrases.

H Point langue

Les négatifs (negatives)

1 Trouve les phrases opposées. Ecris les nombres par paires.

Exemple: **1 7**

1 Je regarde la télé.	**5** Je ne joue pas au foot.
2 J'aime le sport.	**6** Le samedi, je ne sors pas.
3 Le samedi, je sors avec mes amis.	**7** Je ne regarde pas la télé.
4 Je joue au foot.	**8** Je n'aime pas le sport.

Les négatifs	
je **ne** regarde **pas** la télé	I **don't** watch TV
je **ne** peux **pas** sortir	I **can't** go out
je **n'**aime **pas** le foot	I **don't** like football
il **n'**est **pas** très sympa	he's **not** very nice
elle **ne** sort **pas**	she **doesn't** go out

2 Recopie une phrase pour chaque image.

a   b   c

d   e   f

J'aime le golf.	Je n'aime pas le golf.
J'écoute la radio.	Je n'écoute pas la radio.
Je sors avec mes amis.	Je ne sors pas avec mes amis.

3 Carole est le contraire de sa sœur, Cécile. Ecris la description de Carole.

Exemple: Carole n'aime pas la musique.

1 Cécile aime la musique.
Carole __ aime _____ la musique.

2 Cécile joue au tennis.
Carole __ joue _____ au tennis.

3 Cécile fait ses devoirs.
Carole __ fait ___ ses devoirs.

4 Cécile regarde la télé le soir.
Carole __ regarde ____ la télé le soir.

5 Cécile est marrante.
Carole __ est ____ marrante.

Des sœurs non-identiques

Cécile fait beaucoup de choses

Carole ne fait rien

ne fait **rien** – does nothing, doesn't do anything

Prononciation: -ç- / -ci- / -ce- / -gi- / -ge-

Normalement, la lettre **c** se prononce comme *'cat'* en anglais.
Ecoute les exemples: **c**assette, **c**ollège, j'é**c**oute.

Attention! **ç**; **c + e**; **c + i** se prononcent comme *'certain'* en anglais.
Ecoute les exemples: gar**ç**on, **c**'est, **c**inq.

A C'est 'k' ou 's'?
Ecoute la cassette pour vérifier.
1 elle s'appelle Ali**c**e
2 elle habite à **C**olmar
3 il s'appelle Lu**c**
4 il habite à Alen**ç**on
5 elle s'appelle **C**éline
6 elle habite à Vin**c**ennes

Colmar

Normalement, la lettre **g** se prononce comme *'gone'* en anglais.
Ecoute les exemples: **g**arçon, **g**rand-mère.

Attention! **g + e**; **g + i** se prononcent comme *'leisure'* en anglais.
Ecoute les exemples: **g**énial, **g**entil

B Trouve l'intrus. *Exemple:* 1 b
Ensuite, écoute la cassette pour vérifier.
1 **a** je re**g**arde   **b** je suis vé**g**étarien   **c** c'est din**g**ue!
2 **a** le **g**olf   **b** un **g**orille   **c** l'ima**g**e
3 **a** la **g**ymnastique   **b** la **G**rande-Bretagne   **c** la **G**rèce
4 **a** l'a**g**riculture   **b** la boulan**g**erie   **c** la **g**éographie

> Moi, c'est Cécile.
> J'ai cinquante-cinq ans.
> J'habite à Nice.
> J'aime le cinéma.

> Je m'appelle Claire.
> J'habite à Calais.
> Moi, j'aime les discothèques
> et le camping.

Invente d'autres personnages!

1 **Mon endroit préféré**

Olivier présente son hit-parade des endroits:

endroits – places

Le club des jeunes? Bof...

J'aime le centre commercial. C'est génial.

J'aime ma chambre.

J'aime le parc.

J'aime le centre sportif. C'est génial.

J'aime le centre-ville.

Je n'aime pas la campagne. C'est ennuyeux.

Je déteste l'école. C'est ennuyeux.

J'aime McDonald's.

Le cinéma? Bof...

1 a Recopie la liste des endroits.

b Ecoute le hit parade d'Olivier.
Ecris le numéro de chaque endroit.

le club des jeunes
le centre commercial – 1

Phrases-clés

J'aime	ma chambre/ta chambre	C'est génial.
Je n'aime pas	la campagne	C'est ennuyeux.
Tu aimes ...?	l'école	Bof.
	le centre commercial	
	le parc	
	le club des jeunes	
	le centre sportif	
	le centre-ville	
	le cinéma	
	McDonald's	

Carole n'aime rien!

69 **2** **a** Pose des questions à ton/ta partenaire. («Tu aimes... ?»)
Vous avez combien de réponses en commun?

> **A** Tu aimes ta chambre?
>
> **B** Bof. Et toi?
>
> **A** Oui, j'aime ma chambre. C'est génial.

b Pose les questions à deux autres partenaires.
Tu as le plus en commun avec qui?

> le plus – the most

3 Relie les listes de 'Top 3' avec les images.
Exemple: **1 b**

1
A J'aime ma chambre.
B Le centre sportif, c'est génial.
C J'aime le parc.

2
A Le centre commercial, c'est super.
B J'aime le club des jeunes.
C J'aime l'école.

3
A J'adore la campagne.
B J'aime le parc.
C Le centre-ville, c'est bien.

4
A Le centre sportif, c'est super.
B J'aime le club des jeunes.
C J'aime ma chambre.

a A B C

b A B C

c A B C

d A B C

e A B C

4 *A toi!* Ecris le 'Top 3' de tes endroits
préférés, comme dans l'exercice 3.

J Ta chambre et ta personnalité

**Qu'est-ce que tu as dans ta chambre?
Ça montre ta personnalité!**

1 Passionné(e) de sport

c un jogging
a des baskets
b un ballon

2 Passionné(e) de musique

d une chaîne hi-fi
f une radio
e des cassettes

3 Passionné(e) de technologie

g un ordinateur
i une calculette
h des jeux-vidéo

4 Passionné(e) de nature

k des posters d'animaux
j un animal
l une plante

1 **a** Regarde les images.

b Ecoute le garçon sur la cassette.
- Pour chaque objet, écris ✓ ou ✗.
  Exemple: **a** ✓ **b** ✗
- Il a quelle personnalité?
  (Passionné de ...?)

Stratégie

Listen carefully!
✓ J'ai un(e)... – I've got...
✗ Je **n'**ai **pas** de... – I haven**'t** got...

2 Recopie les objets dans deux listes.

positif	négatif
J'ai **des** baskets	Je n'ai pas **de** basket
J'ai **un** ballon	Je n'ai pas **de** ballon

✓ J'ai...
des baskets

✗ Je n'ai pas...
de ballon

Phrases-clés

Tu as...? J'ai...	des cassettes des baskets des jeux-vidéo des posters d'animaux	un ballon un animal un jogging un ordinateur	une radio une calculette une chaîne hi-fi une plante
Je n'ai pas	de cassette	de ballon	de radio (etc.)

3 Pose des questions à ton/ta partenaire pour connaître sa personnalité: passionné(e) de musique (etc.) ou une combinaison.

Exemple:

A Tu as une raquette?   Non, je n'ai pas de raquette.   **B**

4 **a** Lis les descriptions. Regarde l'image: c'est la chambre de qui?
   b Trouve la personnalité des deux autres personnes.

J'aime bien ma chambre. C'est génial. Dans ma chambre, j'ai une chaîne hi-fi et des cassettes. J'ai des plantes et un piano.
Sonia

J'aime ma chambre. C'est super. Dans ma chambre, j'ai un ordinateur et une télévision. J'ai un ballon de football, des raquettes de tennis, et des magazines sur le sport.
Eric

Je n'aime pas ma chambre. C'est nul. Dans ma chambre, j'ai des posters horribles d'animaux. J'ai une chaîne hi-fi et une télévision.
Paul

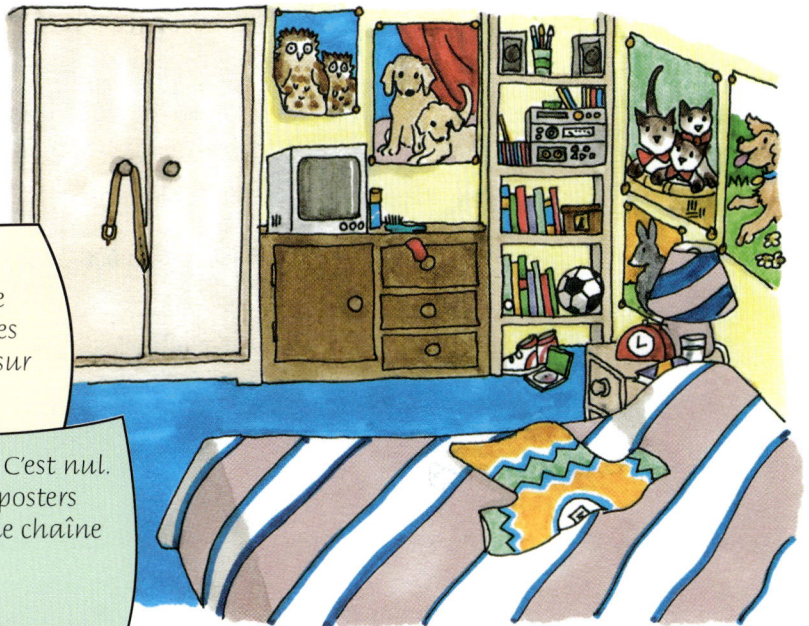

5 *A toi !*

   a Décris ta chambre:
   b Ecris des notes/dessine des symboles. Enregistre ta description sur cassette!

J'aime ma chambre/
Je n'aime pas ma chambre.
C'est génial/nul.
Dans ma chambre, j'ai ....

K Qui t'énerve?

Olivier parle de sa sœur et son frère.

> Je m'entends bien avec ma sœur.
> Elle est sympa.

> Mon frère m'énerve.
> Il prend mes vêtements.

1 a Lis et écoute le texte.

b Trouve les paires:

1	Je m'entends bien avec mon frère.	A	My sister gets on my nerves.
2	Je m'entends bien avec ma sœur.	B	I get on well with my sister.
3	Mon frère m'énerve.	C	My brother gets on my nerves.
4	Ma sœur m'énerve.	D	I get on well with my brother.

2 Ecoute la cassette (1-8). Ecris la lettre de la bonne image.

Exemple: 1 e

a   b   c   d

e   f

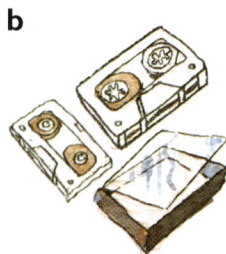

3 Ecris des phrases complètes:

1   Mon frère m'énerve. Il prend   .

2   Ma mère m'énerve. Elle prend   .

3   Ma sœur m'énerve. Elle prend   .

4   Mon ami m'énerve. Il prend   .

> mes stylos   mes cassettes
> mes magazines   mes vêtements
> mes CD   mes jeux-vidéo

Phrases-clés

| Je m'entends bien avec | mon frère | mon copain, Marc | |
| | ma sœur | ma copine, Claire | |

| Mon frère Mon copain | m'énerve. | Il prend | mes vêtements mes magazines | mes stylos mes CD |
| Ma sœur Ma copine | | Elle prend | mes jeux-vidéo mes cassettes | |

4 Pose des questions à ton/ta partenaire.
Qui s'entend le mieux avec sa famille, toi ou ton/ta partenaire? | le mieux – the best |
Exemples:

> Tu as des frères ou des sœurs?

> Tu t'entends bien avec ton frère/ta demi-sœur?

> Pourquoi?

5 **a** Lis les descriptions.
  b Qui parle? Ecris les noms.
   1 «Je m'entends bien avec ma sœur.»
   2 «Je m'entends bien avec mon frère.»
   3 «Mon frère m'énerve.»
   4 «Ma sœur m'énerve.»
   5 «Mon ami m'énerve.»

> Ma sœur prend toujours mes vêtements. Ça m'énerve!
> Gaëlle

> En classe, mon ami prend toujours mes crayons et ma gomme.
> François.

> Mon frère est très sympa. Il est marrant.
> Hamed.

> Mon frère prend toujours mon vélo. Ça m'énerve. Moi, je dois prendre le bus!
> Adrien.

> Ma sœur est très gentille. Je parle de mes problèmes avec elle.
> Corinne.

6 *A toi!* Ecris tes réponses:
   1 Tu t'entends bien avec qui?
   2 Qui t'énerve?
Exemples:

> Je m'entends bien avec ma copine, Stacey. Elle est sympa.
> Je m'entends bien avec...
> Mon frère m'énerve. Il prend mes CD.

L Atelier

Un profil

1 Dans l'unité 1, tu as rencontré Olivier.
Que dit Olivier? Recopie les phrases vraies.

1 a Je m'entends bien avec mes parents. b Je me dispute avec mes parents.

2 a Je m'entends bien avec mon frère. b Mon frère m'énerve.

3 a Je m'entends bien avec ma sœur. b Ma sœur m'énerve.

4 a J'ai beaucoup d'amis. b Je n'ai pas d'amis.

2 Voici des anagrammes.
Ecris les mots corrects, et la lettre de l'image qui correspond.

Dans ma chambre, j'ai...

1 un ginggoj 4 une lucetetalc

2 un rodintaure 5 des setskab

3 des exuj-évoid

a b c d e

3 Ecris des phrases complètes.

1 Je me lève...	... je sors avec mes amis.
2 Je vais à l'école...	... à onze heures.
3 Après l'école, ...	... je me relaxe.
4 Je regarde	... à sept heures et demie.
5 Le soir, ...	... à huit heures et quart.
6 Je me couche...	... la télé.

4 Travaillez en groupes de deux ou trois.
Faites le profil d'une personne réelle
ou inventée.

Ecris des détails sur:

• sa famille et ses amis
(pages 2–5, 10–11, 14–15)

• sa chambre
(pages 20–21)

• une journée typique
(pages 6–7)

Si possible, fais un grand poster
avec une photo.

MICHAEL JACKSON

Je ne m'entends pas bien avec ma sœur, La Toyah.

Les disputes

5 Voici le problème d'Olivier (pages 2-3).

a Ecoute et lis les trois scénarios.
Tu préfères quel scénario: 1, 2 ou 3?

b Joue les trois scénarios avec un(e) partenaire.

j'ai fait – I've done

6 a A deux, écrivez deux scénarios pour cette situation:
Le garçon/la fille veut aller à la discothèque. Le père/la mère dit 'non'...

b Mémorisez et jouez les scénarios.

Idée! Jouez un scénario pour vos amis. Ils identifient le scénario: A, B ou C.

Les fêtes

Delphine Lassalle

A L'anniversaire

Dimanche

Hier, c'était l'anniversaire de ma sœur, Julie. Elle a eu 20 ans.

Samedi

Bon anniversaire!

Merci.

Tiens, Julie. C'est pour toi.

Merci, Jean.

Tiens, Julie.

Un CD! Merci beaucoup. C'est super!

Delphine, voici Arnaud.

Salut. Ça va?

Son petit ami est cool!

Santé!

Bon appétit!

J'ai beaucoup mangé (et bu).

1 Lis et écoute le roman-photo. C'est vrai ou faux?

1 Julie est la sœur de Delphine.
2 Julie a dix-neuf ans.
3 Julie aime son CD.
4 Pour son anniversaire, elle a mangé au restaurant.
5 Delphine n'aime pas le petit ami de sa sœur.

L'anniversaire des **20 ans** est important en France. Quel anniversaire est important chez toi?

2 Ecoute les conversations 1-7. C'est quelle situation? Note **a**, **b** ou **c**.

a

b

c

3 Recopie et complète.

Exemple: Julie a eu... un CD de sa meilleure amie.

Julie a eu...

1 un CD...

2 un poster...

3 un livre...

4 des vêtements...

5 de l'argent...

a de sa sœur

b de ses parents

c de sa meilleure amie

d de son petit ami

e de son grand-père

4 Ecoute la cassette (1–8). Note la réaction de Julie: dessine ☺ ou ☹.

Exemple: 1 ☺

5 Invente des conversations avec ton/ta partenaire. Choisis ta réaction: ☺ ou ☹.

a   b   c   d   e

Exemple:

A Tiens, un poster. ☹ Oh... merci. C'est.... super! B

Phrases-clés	
Voici Delphine.	Salut. Ça va?
Bon appétit!	Santé!
Bon anniversaire! Tiens, c'est pour toi.	Merci beaucoup! C'est super.
Elle a eu...	de l'argent (etc.) de sa sœur (etc.)

Prononciation: -en- / -em- / -an- / -am-

en! en! en!

A Ecoute la prononciation: **-en- / -em- / -an- / -am-**

Ecoute et répète:

arg**en**t vêtem**en**ts g**en**til **en**semble
gr**an**d-père m**an**ger dim**an**che ch**am**bre

B Prononce ces mots:

une av**en**ture (*an adventure*) **en**tre (*between*)
un **em**ploi (*a job*) un **em**ployé (*an employee*)

Ecoute la cassette pour vérifier.

B C'était bien, la soirée?

Julie a fait une soirée pour ses 20 ans. C'était nul, archi-nul!

a

b

c

d

e

J'ai mangé des sandwichs.

J'ai bavardé avec ses copains. Ils sont ennuyeux!

J'ai bavardé avec Kévin. Il m'a invitée au cinéma. Il est sympa – j'ai accepté.

J'ai dansé avec son petit ami. Il est dingue!

J'ai bu du coca – toute seule.

1 a Recopie la bonne phrase pour les photos a-e.
Exemple: **a** J'ai dansé avec son petit ami. Il est dingue!

b Ecoute la cassette pour vérifier.

2 Julie, la sœur, téléphone à son cousin, Daniel. Note ses réponses (**a**, **b** ou **c**).

Exemple: **1** a

1 C'était bien, la soirée?	**a** ☺ chouette	**b** 😐 bof!	**c** ☹ nul
2 Tu as invité qui?	**a** mes parents	**b** mes copains	**c** ma grand-mère
3 Tu as dansé avec qui?	**a** mes copains	**b** mon père	**c** Arnaud
4 Qu'est-ce que tu as mangé?	**a** des sandwichs	**b** de la pizza	**c** des chips
5 Qu'est-ce que tu as bu?	**a** du coca	**b** de la limonade	**c** du jus de fruit
6 Tu as bavardé avec qui?	**a** Arnaud	**b** mes copains	**c** Delphine

3 Voici d'autres réponses aux questions 1–6 de l'exercice 2.
Recopie-les dans le bon ordre.

a J'ai bavardé avec mes amis.   **d** La soirée, c'était chouette!
b J'ai bu du jus de fruit.   **e** J'ai mangé de la pizza.
c J'ai invité des amis.   **f** J'ai dansé avec tout le monde.

4 *A toi!*   Pose les questions 1–6 à ton/ta partenaire.

Note son attitude: ☺ ou ☹.
Ensuite, changez de rôle.

Exemple:

A   Tu as invité qui?

      J'ai invité Gazza et...   **B**

Vous pouvez décrire
une soirée **réelle**
ou **imaginée**.

Phrases-clés	
J'ai fait	une soirée
J'ai invité J'ai dansé avec J'ai bavardé avec	mes copains mon copin ma copine ma sœur (etc.)
J'ai mangé	des chips de la pizza des sandwichs
J'ai bu	du coca du jus de fruit de la limonade

C Une journée avec Kévin

On a fait du patin à roulettes. C'était nul!

C'était super!

On a parlé de sport. C'était ennuyeux!

C'était intéressant.

Aïe!

On a mangé au 'Quick'. C'était nul!

C'était génial.

On a été au cinéma. On a regardé un film. C'était marrant.

C'était bête!

Mais je suis végétarienne!

1 Lis et écoute le texte. C'est vrai ou faux?

1 Delphine aime le patin à roulettes.
2 Elle aime le sport.
3 Elle a aimé le film.

4 Kévin aime le patin à roulettes.
5 Il aime le sport.
6 Il a aimé le film.

Phrases-clés

On a fait	du patin à roulettes (etc.)
On a mangé	au café (etc.)
On a été	au cinéma (etc.)
On a regardé	un film (etc.)
C'était	intéressant marrant génial super ennuyeux bête nul

2 Relie les mots français avec les mots anglais.

Exemple: bête – stupid

génial bête super marrant ennuyeux nul intéressant	boring super rubbish interesting funny great stupid

Stratégie

To learn new words, copy them out in categories, eg:

☺   ☹

C'était marrant.   C'était bête.

3 Ecoute la cassette (1-10). Note l'opinion de chaque personne: ☺ ou ☹.

4 Recopie les phrases et écris une opinion:

Exemple: **1** On a mangé chez McDonald's. C'était super.

1 On a mangé chez McDonald's. ☺
2 On a été au centre commercial. ☹
3 On a regardé un film. ☺
4 On a fait du patin à roulettes. ☹
5 On a été au centre sportif. ☺

5 Travaillez à deux.

- Partenaire **A** dit les phrases 1-5 (exercice 4).
- **B** donne son opinion.

Changez de rôle.

Exemple:

A
    On a mangé chez McDonald's.

        C'était nul!   **B**

6 *A toi!*   Travaillez à deux.

a Pour chaque image:

- écrivez une phrase *Exemple:* On a été au...
- inventez deux opinions différentes: ☺ et ☹.

b Faites le dialogue, comme Delphine et Kévin.

Idée!
Enregistrez le dialogue
sur cassette.
ou Faites le dialogue
pour vos amis.

CAFE DU PARC

SANDWICHS   25F

COCA   12F

CINEMA REX
Adulte   45F

MONOPRIX

D Point langue

my: mon, ma, mes

masculin:

féminin:

pluriel:

Voici **mon** frère et **mon** chien.   Voici **ma** sœur et **ma** maison.   Voici **mes** amis.

1 Olivier décrit sa famille. Recopie et complète:

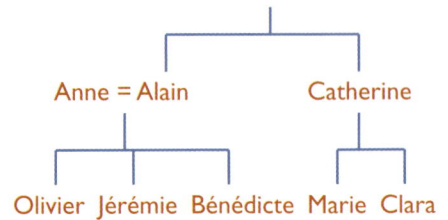

1 Ma mère s'appelle _____.
2 Mon père s'appelle _____.
3 Ma sœur s'appelle _____.
4 Mon frère s'appelle _____.
5 Mes cousines s'appellent _____ et _____.

Anne = Alain   Catherine

Olivier Jérémie Bénédicte   Marie Clara

your: ton, ta, tes

2 Recopie et complète les phrases.

| tes devoirs   ta chambre |
| ton cadeau   ta voiture   ton frère |

C'est __ _____?   Voici ___ _____.   Tu as fait ___ _____?

his/her: son, sa, ses

3 Voici la chambre de Delphine.
Donne ton opinion.

Exemples: **1 J'aime** sa table.
            2 Je n'aime pas ses posters.

1 Tu aimes sa table?
2 Tu aimes ses posters?
3 Tu aimes son ordinateur?
4 Tu aimes sa radio?
5 Tu aimes ses baskets?
6 Tu aimes son jogging?
7 Tu aimes ses plantes?
8 Tu aimes son T-shirt?

On joue!

4 Identifie les cadeaux.
Exemple: **a** une lampe

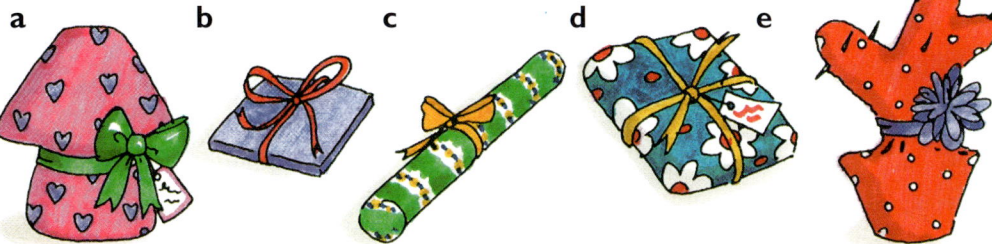

a   **b**   **c**   **d**   **e**

une plante
une radio
un CD
une lampe
un livre
un jogging
un poster

5 L'ordinateur de Delphine a un virus!
~ = **a** ou **e**.
Recopie et corrige les textes:

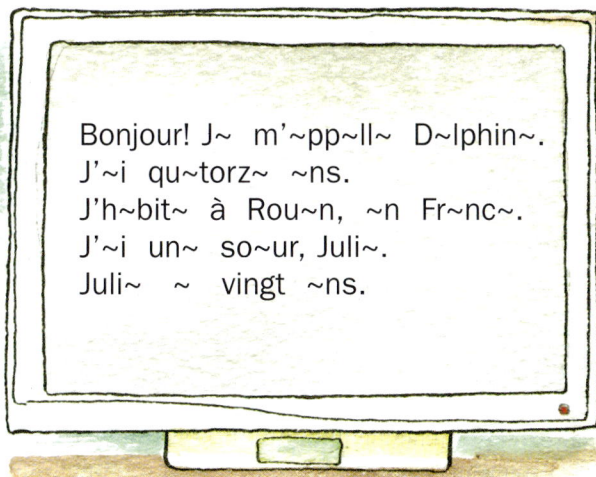

> Bonjour! J~ m'~pp~ll~ D~lphin~.
> J'~i qu~torz~ ~ns.
> J'h~bit~ à Rou~n, ~n Fr~nc~.
> J'~i un~ so~ur, Juli~.
> Juli~ ~ vingt ~ns.

6 Trouve l'intrus:

a
des baskets
une plante
un jogging
un T-shirt

b
un sandwich
une pizza
de la limonade
des chips

c
des jeux-vidéo
un ballon
des baskets
une raquette

d
une cassette
un stylo
une gomme
un crayon

E Infos et jeux

L'âge de la majorité

On est 'adulte' à 18 ans? Ça dépend de la situation....

1 A ___ ans, on peut conduire une mobylette.

2 A ___ ans, on peut conduire une moto de 125 cm³.

3 A ___ ans, on peut conduire une voiture tout seul.

4 On peut boire de l'alcool dans un café à ___ ans.

5 On peut voter à ___ ans.

6 En France, les filles peuvent se marier à ___ ans et 3 mois. Les garçons peuvent se marier à ___ ans.

1 a Devine les âges. Ecris les mots.

Exemple: **1** seize

b Ecoute la cassette pour vérifier. Totalise tes points! (l'âge correct = 2 points)

2 Ecris des phrases sur **ton** pays.

1 On peut se marier à _____ ans.

2 On peut voter à _____ ans.

3 On peut conduire une mobylette à _____ ans.

4 On peut conduire une moto à _____ ans.

5 On peut conduire une voiture à _____ ans.

6 On peut boire de l'alcool dans un bar à _____ ans.

3 Fais ce jeu-test. Emploie un dictionnaire pour les mots difficiles.

Stratégies

- Find the right word.
  Check it makes sense.
  Eg: «tu décores l'appartement»

  > **décoration** *nf* decoration
  > **décorer** *vt* (to decorate)
  > **décortiquer** *vt* to shell, peel

- Choose the correct meaning.
  Check it fits.
  Eg: No 4 Tu préfères... ● tout

  > **tout, e 1** *adj* all; every **2** *pron*
  > *everything*

Faites la fête!

1 Tu es invité(e) à une fête. Ça commence à huit heures. Tu arrives:
- ● à huit heures.
- ■ à neuf heures et demie.
- ▲ à sept heures, avec des CD et du coca.

2 Paul t'invite à une fête. Tu n'aimes pas Paul! Tu réponds:
- ● «Je peux inviter mes copains?»
- ▲ «Oui. Et je peux préparer des sandwichs...»
- ■ «Euh... non, merci...»

3 A une fête...
- ▲ tu prépares les pizzas.
- ● tu danses, tu bavardes...
- ■ tu écoutes la musique.

4 Tu préfères...
- ▲ la préparation d'une fête.
- ■ regarder les photos de la fête.
- ● tout!

5 Tu organises une fête à la maison.
- ● Tu prépares des jeux.
- ▲ Tu décores l'appartement.
- ■ Tu proposes que tes amis préparent des sandwichs.

Résultats

▲ majorité: triangle
Tu as du talent pour organiser les fêtes! Tu adores inviter tes copains. Avec toi, c'est original!

● majorité: cercle
Tu adores aller aux fêtes de tes copains. Avec toi, une fête, c'est super!

■ majorité: carré
Tu aimes les fêtes. Mais tu préfères regarder, observer...

F Une glace à la vanille, s'il vous plaît

Delphine organise la journée de ses amis!

> Tu veux une glace, Elsa?

> Oui, une glace à la fraise.

> Et toi, Kévin? Fais attention!! Tu veux une glace? Oui ou non?!

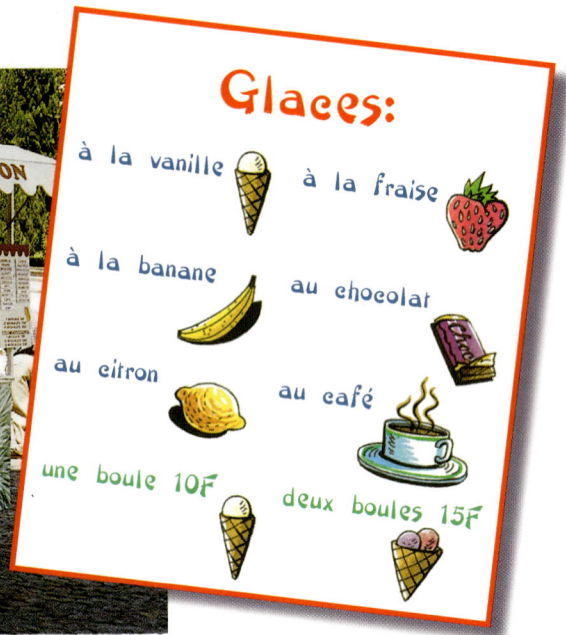

GLACES MAISON

GLACES *Maison*

Glaces:

à la vanille
à la fraise
à la banane
au chocolat
au citron
au café

une boule 10F deux boules 15F

A

Elsa:	Une glace <u>à la fraise</u>, s'il vous plaît.
Le vendeur:	Une boule ou deux?
Elsa:	<u>Une boule</u>. Ça fait combien?
Le vendeur:	Ça fait <u>dix</u> francs.
Elsa:	Voilà.
Le vendeur:	Merci.

B

Delphine:	Une glace <u>au chocolat</u> et une glace <u>au citron</u>, s'il vous plaît.
Le vendeur:	Une boule ou deux?
Delphine:	<u>Deux boules</u>.
Le vendeur:	Ça fait <u>trente</u> francs.
Delphine:	Voilà.
Le vendeur:	Merci.

1 Lis et écoute les conversations. Trouve les bonnes images correctes.

Dialogue **A** = image ___.   Dialogue **B** = image ___.

a   **b**   **c**   **d**

2 a A deux, lisez les dialogues.
   b Ensuite, changez les mots <u>soulignés</u>.

Phrases-clés

une glace	à la	vanille	fraise	banane
	au	chocolat	citron	café
une boule	deux boules			
Ça fait combien? Ça fait … francs.				

📼 **3** Ecoute la cassette (1-5). Qu'est-ce qu'on achète? Note les lettres.

a   b   c   d   e   f

Stratégie

Before you listen, think of the French words for each picture.
That will help you pick out the right answers.
e.g. **a** = une glace **à la vanille**

---

4 **a** Faites les dialogues à deux. Changez de rôle.

b *A toi!* Changez la conversation!

- ● 🍽️ s'il vous plaît.
- ■ Une boule ou deux?
- ● 🍦
- ■ Voilà.
- ● **? F**
- ■ Ça fait quinze francs.
- ● Voilà.
- ■ Merci.

- ● 🍽️
- ■ 🍦**?**🍦
- ● 🍦
- ■ **? F**
- ● 10F

On va dans les magasins maintenant?

Ben, oui...

Kévin! Dépêche-toi! On va dans les magasins.

Oh là là! Tu veux tout organiser, Delphine! Moi, je rentre chez moi! Salut!

📖 📼 **5** Quel est ton opinion? **A** ou **B**?

A «Delphine est trop autoritaire.»
B «Kévin est bête.»

> trop autoritaire – too bossy

G Une visite scolaire

Delphine a fait une visite scolaire.
Elle prépare des photos et des textes pour son album.

a

c

b

J'ai visité un musée. J'ai regardé une vidéo.

A midi, j'ai mangé des sandwichs et une glace.

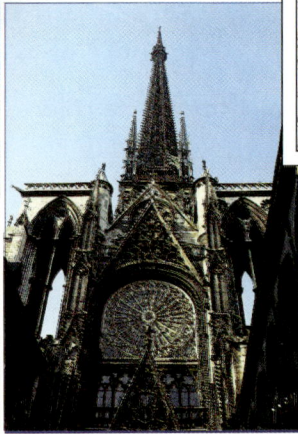

J'ai acheté des cartes postales et des souvenirs.

ROUEN

1 Regarde les photos et les textes. Ecoute Delphine.
Note les lettres dans le bon ordre.

Exemple: **1** e

2 a Recopie les phrases. Note la lettre des images.

Exemple: **1** J'ai mangé une glace. **c**

b Ecris une phrase pour la sixième image.

1 J'ai mangé une glace.
2 J'ai acheté des souvenirs.
3 J'ai fait une visite guidée.
4 J'ai acheté des cartes postales.
5 J'ai visité un musée.

Stratégie

Look for key words, e.g. **1** 'glace'

a **b** **c** **d** **e** **f**

Phrases-clés

J'ai	été	à Rouen	
	visité	un musée	
	fait	une visite guidée	une visite scolaire
	regardé	une vidéo	
	acheté	des souvenirs	des cartes postales
	mangé	une glace	un sandwich

J'ai visité l'hôtel de ville. J'ai fait une visite guidée.

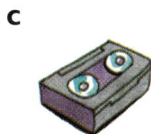

J'ai fait une visite scolaire. J'ai été au centre ville.

J'ai plaqué Kévin. Il est bête.

plaqué (*slang*) – chucked, packed in

3 Ecoute la cassette (1-7). Note les opinions.
Exemple: **1** intéressant

4 A deux! **A** choisit une image. **B** dit une bonne phrase.
Exemple:

A Image 2. Qu'est-ce que tu as fait?

J'ai fait une visite guidée. **B**

a b c d e f

5 *A toi!* Ecris un petit article sur une visite scolaire.
Base ton article sur les images de l'exercice 4. Donne tes opinions.

Stratégie

• Make sentences using the **Phrases-clés** box.
• Check that you've copied the words correctly.

H **Point langue**

Le passé composé (the perfect tense)

manger: to eat		
j'**ai** mang**é**	*I ate, I've eaten*	
tu **as** mang**é**	*you ate, you've eaten*	
il **a** mang**é**	*he ate, he's eaten*	
elle **a** mang**é**	*she ate, she's eaten*	
on **a** mang**é**	*we ate, we've eaten*	

j'ai joué	*I played*	j'ai été	*I went (I've been)*
j'ai dansé	*I danced*	j'ai fait	*I did (I made)*
j'ai regardé	*I watched*	j'ai eu	*I had (I got)*
j'ai bavardé	*I chatted*	j'ai bu	*I drank*
j'ai invité	*I invited*		

Je

1 Recopie et complète les phrases:

1

2

3

4

J'ai _____ à la soirée.

J'ai _____ une pizza

J'ai _____ du coca.

J'ai _____ aux cartes.

Prononciation: -é

2
• Ecoute la prononciation sur la cassette: **-é**.
• Ecoute la cassette (a – e): **-é**, c'est le numéro **1** ou **2**?
   Exemple: cassette: **a 1** j'ai mangé **2** je mange
                 toi: **a** é = 1
                              b é =

Le présent (the present): je mange, je joue, je fais, je bois etc.
Le passé (the past): j'**ai** mang**é**, j'**ai** jou**é**, j'**ai fait**, j'**ai bu** etc.

3 Recopie les expressions. Ecris 'présent' ou 'passé'.

   Exemples: **1** je mange – présent
                  2 j'ai mangé – passé

1	je mange	**3**	j'ai été	**5**	j'ai regardé	**7**	je regarde	**9**	j'invite
2	j'ai mangé	**4**	je joue	**6**	j'ai invité	**8**	j'ai joué	**10**	j'ai bu

Il/on

4 **a** Recopie une phrase pour chaque image.
b Quelle phrase n'a pas d'image?

a

b

c

d

e

f

> On a bu de la limonade.   Il a dansé avec sa copine.
> On a mangé des pizzas.   Il a bavardé avec ses copains.
> Mon frère a fait une soirée.   Il a eu beaucoup de cadeaux.
> On a écouté de la musique.

Negatives

Je **n'**ai **pas** joué au football ce matin.	I **didn't** play football this morning.
Tu **n'**as **pas** mangé ta pizza!	You **haven't** eaten your pizza!
Il **n'**a **pas** fait ses devoirs.	He **hasn't** done his homework.

5 Recopie et complète.

Exemple: **1** Je n'ai pas fait mes devoirs.

1 Je n'ai pas fait...   **a** au tennis de table

2 Je n'ai pas mangé...   **d** au café

3 Je n'ai pas bu...   **b** la limonade

4 Je n'ai pas joué...   **e** au cinéma

5 Je n'ai pas été...   **c** mes devoirs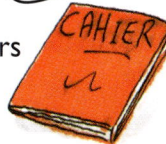

1 Des fêtes différentes

a Il y a un défilé.

b Il y a un feu d'artifice.

c On danse.

d On fait un repas spécial.

e On invite la famille.

f On va à l'église.

1 En classe, Delphine fait un exposé sur les fêtes. Ecoute la cassette (1-4).
Quelles images (a-f) correspondent?

Exemple: **1** Le carnaval – **a**, ...

Le carnaval de Rio

Le Nouvel An chinois

La fête du 14 juillet, en France

La fête des cuisinières, en Guadeloupe

2 a Trouve la photo pour chaque texte.
   b Note la lettre des images de la page 42.
      Exemple: **I d**, …

a

> **I** A la Pessah, une fête juive, on fait
>   un repas spécial. Ça s'appelle le
>   'seder'. On mange aussi du pain
>   spécial. On va à la synagogue.
>
> **2** Au Nouvel An (le premier janvier)
>   en France, on invite des amis pour
>   une soirée. On danse et on boit
>   du champagne. C'est une fête
>   importante, comme en Ecosse.
>   Après le 1er janvier, on envoie des
>   cartes.
>
> **3** La fête de l'Id-al Fitr est une fête
>   importante pour les musulmans.
>   On invite la famille et on fait un
>   grand repas. On va à la mosquée.

b

c

Stratégie

You can easily guess some French words,
because they look like English words.
Can you guess: *synagogue*, *mosquée*,
musulmans?

3 A deux: **A** choisit une fête. Il/elle donne une liste d'activités.
   B identifie la fête.

A   Il y a un *défilé*. On danse. Il y a un *feu d'artifice*.

   C'est le carnaval de Rio?   **B**

Phrases-clés

On danse			
On fait un repas spécial			
On invite	la famille	des amis	
On va	à l'église	à la mosquée	à la synagogue	au temple
Il y a	un défilé	un feu d'artifice	

4 *A toi !* Choisis deux fêtes. Qu'est-ce
   qu'on fait chez vous? Fais une description.
   Exemple: **Pâques**
          Chez nous, on fait un repas spécial.
          On invite…..

Des idées:

ton anniversaire
le 5 novembre (Guy Fawkes)
le 25 décembre (Noël)
le 1er janvier (Le Nouvel An)

J Ça se fête!

a JOYEUX NOËL

b Bon anniversaire

c BONNE CHANCE!

d bonne année

e Bonnes vacances

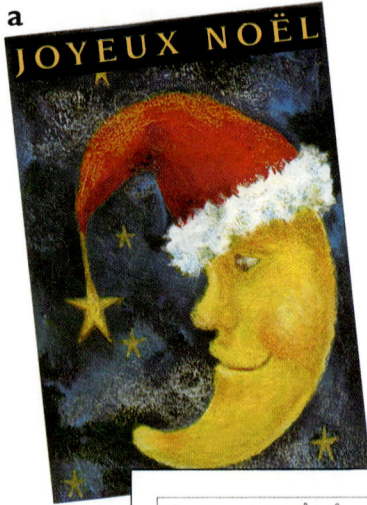

1 Ecoute la cassette (1-5). C'est quelle carte?
Exemple: **1** carte ____

2 Pour chaque situation, recopie une phrase-clé:
1 C'est le 1er janvier.
2 Ton ami va faire du camping en France.
3 Ton cousin a un examen.
4 Ta sœur a 16 ans aujourd'hui.
5 C'est le 25 décembre.

Phrases-clés

Joyeux Noël!
Bon anniversaire!
Bonne chance!
Bonne année!
Bonnes vacances!

3 Travaille avec un(e) partenaire.
A dit la lettre d'une image. **B** dit la bonne phrase.
Exemple:

A Image B.   **B** Bonne chance!

Choisis une fête. Fais une carte de vœux.

a **b** EXAMEN **c** PASSEPORT **d** **e**

Les crêpes, c'est la fête!

☼ Le matériel

un bol   une poêle   une louche   une cuillère en bois

☼ Les ingrédients *pour 12 crêpes*

1 125 g de farine
2 1 œuf
3 une cuillère à soupe d'huile
4 une cuillère à café de sel
5 une cuillère à café de sucre
6 250 ml de lait

☼ La méthode

<u>Versez</u> la farine dans le bol.

<u>Cassez</u> l'œuf au centre.

<u>Ajoutez</u> le sel, le sucre et l'huile.

Commencez à <u>tourner</u> avec une cuillère en bois.

Petit à petit, ajoutez le lait et continuez à tourner.

<u>Laissez reposer la pâte</u> une heure ou plus.

<u>Chauffez</u> la poêle, et ajoutez un peu d'huile.

Avec la louche, versez un peu de la pâte dans la poêle.

Après une minute, <u>retournez</u> la crêpe.

des crêpes au restaurant

4 Lis la recette des crêpes.

a Relie les ingrédients et les images.

Exemple: **1 f**

b Trouve les instructions <u>soulignées</u> qui correspondent.

Exemple: add – ajoutez

add

heat

leave the mixture to rest

turn over   break   stir   pour

Suggestions!
Des crêpes au chocolat...
au citron...   à la banane...

c Fais des crêpes chez toi!

K Atelier

Ton groupe organise une fête.

1 Lis les suggestions. Recopie les trois suggestions que tu préfères.

a Pour la fête, on pourrait inviter des amis pour une soirée.

b On pourrait faire un repas spécial pour la fête.

On pourrait...
1 faire un grand repas
2

c On pourrait sortir. Par exemple, on pourrait aller en discothèque.

d On pourrait faire un barbecue.

e Pour la fête, on pourrait avoir un feu d'artifice.

f On pourrait aller au cinéma.

g On pourrait faire des crêpes.

2 Prépare-toi à décider!

Delphine et ses amis organisent une fête. Ecoute la conversation.
Qu'est-ce qu'ils décident de faire? Note la lettre (exercice 1).

3 a Recopie la conversation. Mets les mots des phrases * dans le bon ordre.

1   On   barbecue   faire   pourrait   un.*
2   Non! Je n'aime pas ça.
     pourrait   On   spécial   un   repas   faire.*
3   Bonne idée!
4   Non! Je n'aime pas ça.
     aller   pourrait   discothèque   On   en.*
1, 2, 3   Bonne idée!

b Lisez la conversation à quatre.

c Changez la conversation.
Prenez **votre** décision.

Expressions utiles

On pourrait... (We could...)
Non! Je n'aime pas ça.
Bonne idée!

4 Prépare-toi à décider des détails!
Lis ces invitations et publicités.
Recopie et complète les phrases:

1 La soirée de Marc commence à __h__.
2 Le film commence à __h__.
3 Le film coûte ___F pour les adultes.
4 Le barbecue commence à __h__.
5 Le barbecue coûte ___F pour les enfants.

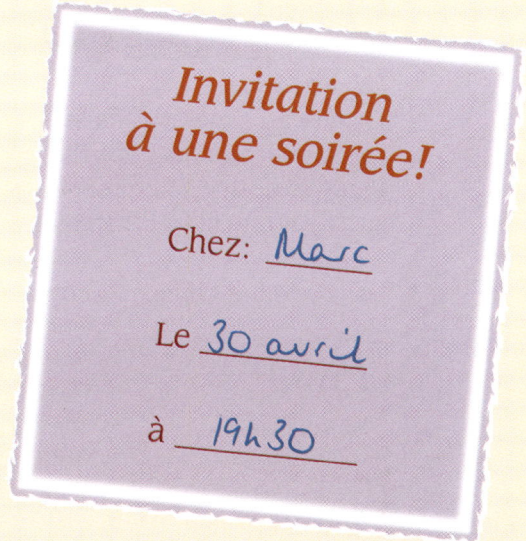

Invitation à une soirée!

Chez: Marc

Le 30 avril

à 19h30

Cinéma Odéon

BATMAN

film américain

120 minutes

Commence 20h00.

Adultes 55F
Enfants/réductions 30F

C'est la fête!

Barbecue
Feux d'artifice
dimanche 15 mai
17h30 – 21h30
Parc Jean Monnet
Adultes 25F Enfants 15F

5 Fais un poster/une invitation pour votre fête.

L Révision

Parler de toi

1 Lis la description d'un personnage à Disneyland Paris. C'est qui?

Bonjour! Je m'appelle ▊▊▊▊.
J'ai sept ans.
J'habite à Disneyland Paris.
J'ai deux frères. Ils s'appellent
Duey et Louey. Ils ont sept ans
aussi. J'ai un chien. Il s'appelle Pluto.

Mickey

Huey

2 Lis le profil d'Obélix. Recopie et complète la description.

Profil

NOM: Obélix

ÂGE: 40

ADRESSE: le parc Astérix

AMI: Astérix

ANIMAUX: un chien, Idéfix

Description

Je _____ Obélix.
J'ai _____ ans.
J'_____ au parc Astérix.
J'ai un ami.
Il s'appelle _____.
J'ai un _____.

Astérix

quarante

habite

chien

m'appelle

3 Relie les noms et les animaux.

Exemple: Frédérique – lettre ____

Frédérique: «J'ai un oiseau et trois poissons.»
Eric: «J'ai une souris et une grenouille.»
Hugo: «J'ai une araignée et deux oiseaux.»
Anne-Marie: «J'ai un lapin et un hamster.»

a   **b**   **c**   **d**   **e**

Mots utiles

Je m'appelle…   J'ai… ans   J'habite à…

J'ai un frère. Il s'appelle …
J'ai une sœur. Elle s'appelle…
Je suis enfant unique.

J'ai un chat et un chien.

4 Travaille en groupe.

a Chaque personne écrit sa description, mais n'écrit pas son nom.

b Lis les descriptions du groupe. Peux-tu identifier chaque personne?

Une journée typique

5 Lis les descriptions **1** et **2**.

a Description **2**: écris les lettres dans le bon ordre.

b Quelle description correspond à quelle personne?

1   **Un samedi typique**

Le samedi, je me réveille à huit heures.
Je me lève à huit heures dix.
Je fais du jogging à huit heures et quart.
Je me lave, puis je prends mon petit déjeuner.
Le matin, je vais au centre commercial.
L'après-midi, je fais du sport.
Le soir, je me relaxe.
Je regarde la télé.
Je me couche à dix heures.

2   **Un samedi typique**

a   Je me lève à midi.
b   Je me couche à onze heures.
c   Le matin, je regarde la télé.
d   Je ne me lave pas.
e   Le soir, je regarde une vidéo.
f   Je me réveille à dix heures, le samedi.
g   L'après-midi, je regarde un match de foot.
h   Je prends mon petit déjeuner au lit.

Michel

Alain

6 Fais un exposé pour ton groupe ou sur cassette: 'un samedi typique'.

• Tu te réveilles à quelle heure, le samedi?

• Tu te lèves à quelle heure?

• Qu'est-ce que tu fais le matin? Et l'après-midi? Et le soir?

La ville et la campagne

A | Ma ville, c'est nul!

Alexandre Bois

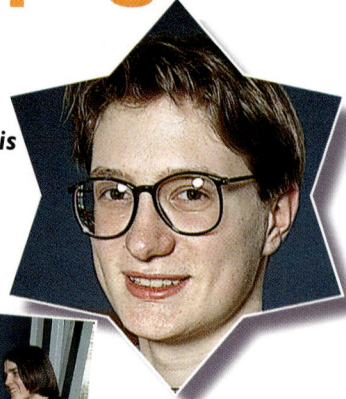

Désastre! Ma cousine, Caroline, vient chez nous.

Désastre?!

Oui! Rouen, c'est nul! C'est ennuyeux!

Mais non! Ce n'est pas vrai!

Moi, je vais au bowling, à la patinoire, à la piscine... C'est bien!

1 Lis et écoute la conversation. C'est vrai ou faux?

   1 Alexandre pense que Rouen est ennuyeux.

   2 Olivier pense que Rouen est ennuyeux.

2 a Ecoute la cassette (1-5). Les jeunes vont où? Note les lettres.

   Exemple: **1 c,...**

  a au bowling

  b au cinéma

  c au centre sportif

  d au centre commercial

  e au club des jeunes

  f au parc

  g à la patinoire

  h à la piscine

b Pose des questions à trois ou quatre camarades. Quels endroits sont les plus populaires?

Exemple:

> endroit – place
> souvent – often

A Tu vas souvent au bowling?   Oui, je vais souvent au bowling. **B**

A Tu vas souvent au parc?   Non, pas souvent. **B**

Moi, je <u>ne vais jamais</u> en ville. <u>C'est ennuyeux</u>.

Moi, <u>je vais souvent</u> en ville. <u>Ça bouge!</u>

Je ne vais jamais au cinéma. <u>C'est trop cher.</u>

Je vais souvent au cinéma. <u>C'est génial!</u>

3 **a** Lis et écoute la conversation.

b Regarde les expressions <u>soulignées</u> dans la conversation.
Recopie les expressions françaises qui correspondent:

1	I often go	**3**	It's lively	**5**	It's boring
2	I never go	**4**	It's great	**6**	It's too expensive

Phrases-clés

Tu vas souvent...?	au bowling
Je vais souvent	à la patinoire (etc.)
Je ne vais jamais	
Ça bouge.	C'est trop cher.
C'est génial.	C'est ennuyeux.

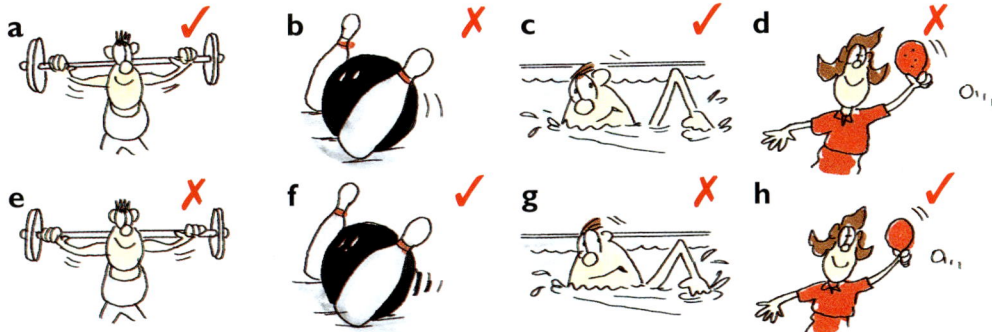

4 Travaillez à deux. **A** dit deux phrases. **B** indique l'image qui correspond.
Exemple:

A Je ne vais jamais au bowling. C'est trop cher.

C'est l'image b. **B**

a ✓ **b** ✗ **c** ✓ **d** ✗

e ✗ **f** ✓ **g** ✗ **h** ✓

B Ça commence à quelle heure?

Vendredi, Caroline arrive.

Bonjour, Caroline. Ça va?

Ça va, et toi?

Samedi, à l'office du tourisme

Vous avez des brochures?

Oui. Voilà.

Regarde. Il y a un concert.

Oh, génial!

Alexandre:	Le concert commence à quelle heure?
L'employée:	A vingt heures trente.
Alexandre:	Ça finit à quelle heure?
L'employée:	A vingt-deux heures.
Alexandre:	C'est combien?
L'employée:	C'est cinquante francs.

I Lis et écoute les conversations. Trouve la bonne image:

1 Le concert commence à …
2 Le concert finit à …
3 C'est …

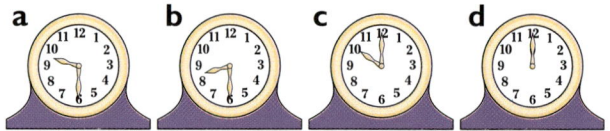

a **b** **c** **d**

e 50F   f 60F

Phrases-clés

Le concert	commence	à quelle heure?
Le film	finit	à huit heures.
Ça		
C'est	combien?	
	vingt francs.	

2 a A deux, lisez la conversation entre Alexandre et l'employée. Changez de rôle.

b *A toi!* Adaptez la conversation pour les posters **a** et **b**.

Exemple (Poster a):
Le film commence à quelle heure?

a Prisonnier de la mer

FILM D'AVENTURES CINÉMA ODÉON
19H30 À 21H30   55F

b le rap au parc

grand concert de rap dans le Parc Fauré

samedi 6 mai, de 14h30 à 18h

Billets 24F

Visitez Rouen!

Rouen, ville d'art et d'histoire, est aussi un port maritime important et un grand centre industriel.

- Visitez le centre historique de Rouen, avec sa cathédrale. *La cathédrale est ouverte tous les jours de 7h30 à 12h et de 14h à 19h.*

- Visitez la Tour Jeanne d'Arc, où l'héroïne française fut prisonnière. *Ouvert de 10h à 12h et de 14h à 17h, mercredi – lundi. Entrée: 6F. Gratuit pour étudiants, élèves scolaires, handicapés.*

- Le musée Jeanne d'Arc. Découvrez la vie de Sainte Jeanne. *Ouvert de 9h30 à 18h30, tous les jours du 1er mai au 15 septembre. Prix d'entrée: 20F; enfants et étudiants: 10F*

la Tour Jeanne d'Arc

le musée Jeanne d'Arc

Gastronomie et spécialités

Il y a une grande variété de spécialités régionales. Par exemple: les fromages de Normandie, la tarte aux pommes, les chocolats et le cidre.

une tarte aux pommes avec du cidre

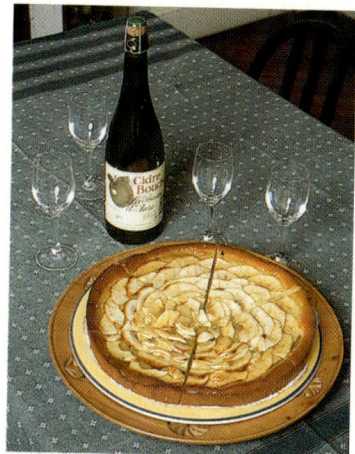

3 Ton cousin (15 ans) va visiter Rouen. Il ne parle pas français. Réponds à ses questions **en anglais**:

1 What time does the cathedral close in the evening?
2 Is the Tour Jeanne d'Arc open every day?
3 How much will it cost my parents to get into the Tour?
4 What time does the Joan of Arc museum open?
5 How much will it cost me to get in?
6 What are the local speciality foods in Rouen?

C | Le concert, c'était génial!

Au concert

Deux billets, s'il vous plaît.

Voilà. Cent francs.

Où sont les toilettes, s'il vous plaît?

Au sous-sol.

Dépêche-toi, Caro! Ça commence!

Après le concert

C'était hyper-génial, non?!

Bof...

1 a Ecoute et lis le roman-photo.

b Regarde le plan.
Ecoute la cassette. On demande:
«Où est/sont...?»
Les réponses sont correctes?
Note ✓ ou ✗.

2 A toi! Jeu de mémoire!
A regarde le plan, et pose une question à **B**. **B** répond, **de mémoire**.

le centre Philippe Laval

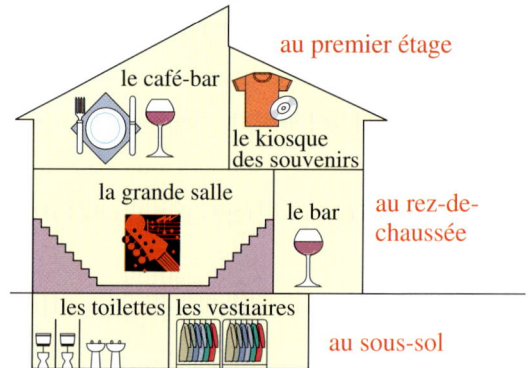

le café-bar

au premier étage

le kiosque des souvenirs

la grande salle

le bar

au rez-de-chaussée

les toilettes   les vestiaires

au sous-sol

a b c d e f

Exemple:

A Où <u>est</u> le bar?

Au rez-de-chaussée. **B**

A Oui. Un point. Où <u>sont</u> les toilettes?

Au sous-sol. **B**

Phrases-clés			
Où	est	le bar? le café-bar?	le kiosque des souvenirs? la grande salle?
	sont	les toilettes?	les vestaires?
au sous-sol	au rez-de-chaussée	au premier étage	

Voici le journal de Caroline:

<u>Vendredi 14</u> Je suis chez Alexandre! Tante Marianne a fait un repas spécial: des crêpes. C'était vraiment délicieux!

<u>Samedi 15</u> J'ai fait du tourisme aujourd'hui! J'ai visité la cathédrale. C'était intéressant. Le soir, j'ai été à un super concert.

<u>Dimanche 16</u> Aujourd'hui, j'ai écouté des CD avec Alexandre et ses copains. Olivier est marrant, et Fatima est vraiment sympa. C'était génial.

<u>Lundi 17</u> J'ai mangé au café à midi. Ce soir, j'ai regardé un film policier à la télé, mais c'était ennuyeux.

<u>Mardi 18</u> Ce matin, j'ai été à la patinoire avec Alexandre, Olivier et Fatima. C'était bien. Cet après-midi, j'ai acheté des cartes postales et des cadeaux pour la famille.

3 Lis le journal. Regarde les images (**a-h**).

a Note les activités de chaque journée.

Exemple: vendredi: **c**

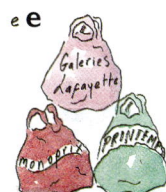

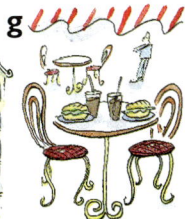

b Pour chaque journée, note l'opinion de Caro: ☺ ou ☹.

Exemple: vendredi: **c** ☺

4 Ecris ton journal d'un week-end à Rouen:

vendredi:

samedi:

dimanche:

> **Stratégie**
>
> Look at Caroline's diary to find the words and phrases you need, e.g.
> J'ai été...; J'ai acheté...

D Révision

I Les glaces (pp 36-37)

- Trouve les deux boules.
- Trouve la bonne image.

Exemple: b a n a n e = image **b**
f r a i s e

1 bfarnaainsee
2 fcriatirsoen
3 cvhaonciolllaet
4 cciatfréon

a b c d e f

2 Ecris un 'haiku', un poème japonais. Change les mots soulignés.

Exemple:

Glace

Une glace à la banane
Et une à la fraise
Deux boules
C'est délicieux

3 Le caractère (pp10-11)

a Décris, pour toi:

1 un ami idéal
2 une amie idéale
3 un prof idéal
4 un parent idéal
5 un frère idéal
6 une sœur idéale.

Exemple:

Pour moi, un ami idéal est très sympa et assez marrant.

caractère:
gentil/gentille
dingue
sympa
sportif/sportive
marrant/marrante
cool

très – very
assez – quite

b Compare avec ton/ta partenaire: un point pour chaque adjectif en commun!

A Pour moi, un prof idéal est sympa et très gentil.

Pour moi, un prof idéal est marrant et sympa. Un point! **B**

4 Les salutations (pp 44-45)

a Qu'est-ce qu'on dit? Ecris les phrases complètes.

Bon anniversaire!   Bonne année!

Joyeux Noël!   Bonne chance!

Bonnes vacances!

b Pour chaque phrase, identifie le film.

Exemple: Bon anniversaire = film __

a

b

c

d

e

5 Jeu: contre la montre

Recopie les mots dans l'ordre alphabétique.
Joue contre la montre *ou* contre un(e) partenaire.

Trois, deux, un.... partez!

bon	anniversaire	Noël
film	joyeux	chance
vacances	année	carte

Stratégie

1 ann**é**e
2 ann**i**versaire

é comes before **i** in the alphabet

E Le profil d'une ville

Comme devoirs d'histoire-géographie, Caroline prépare le profil de Rouen.

Rouen

Le centre-ville est très vieux.
C'est touristique, et très beau.
La cathédrale est belle
et très vieille.

La place du Vieux Marché est
bruyante – et très moderne! ▼

L'hôtel de ville est assez vieux.
C'est beau. ▼

Il y a un beau parc, qui est calme
et propre. ▼

Le port est bruyant et assez sale. ▼

◄ Le centre commercial est moderne et
très moche!

1 Lis le profil de Rouen.

- Tu peux **deviner** le sens de 'moderne' et 'touristique'?
- Trouve les contraires dans la case.
  Recopie les mots par paires.
  Si nécessaire, consulte un dictionnaire.

Exemple: vieux – moderne

deviner – guess
le sens – the meaning
contraires – opposites

vieux sale calme beau moderne bruyant moche propre

2 Ecoute six touristes français en Grande-Bretagne.
Note leurs opinions, **en anglais**.

Tourist Office – survey of visitors' opinions

Place	Like it? ✓ or ✗	Reason(s)
town hall		

Phrases-clés

le centre-ville le port	est	très	moderne	vieux	
l'hôtel de ville le parc		assez	moche	beau	
le centre commercial			calme	bruyant	
la cathédrale			propre	vieille	
la piscine			sale	belle	
la place			touristique	bruyante	

3 *A toi!* En groupe, discutez de votre ville.
Notez les endroits dans deux listes: ☺ et ☹.
Exemple:

A J'aime bien le parc. C'est très beau.

B Moi aussi, j'aime le parc. C'est propre.

C Et c'est joli. Je n'aime pas le port. C'est sale.

☺ le parc ☹ le port

4 *A toi!* Décris six endroits dans ta ville.
Exemple:

Le centre commercial est assez moderne.

F C'est bien, le centre-ville?

Caroline pose des questions sur Rouen à Alexandre:

1 Qu'est-ce qu'il y a au centre-ville. Il y a un hôpital?

2 Oui, il y a un grand hôpital.

Chez moi, il n'y a pas d'hôpital.

3 Il y a une poste?

Oui, il y a beaucoup de postes.

4 Il y a une pharmacie?

Oui. Il y a beaucoup de pharmacies.

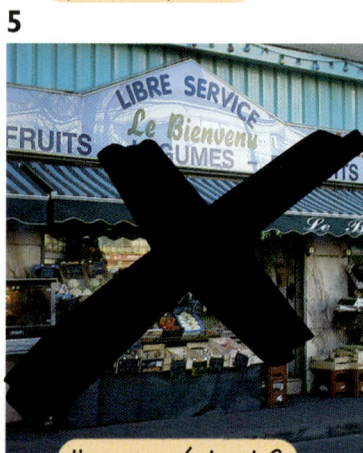

5 Il y a une épicerie?

Non, il n'y a pas d'épiceries au centre-ville.

6 Il y a un marché aussi?

Oui, un grand marché.

7 Il y a une banque au centre-ville?

Oui, bien sûr.

8 Et un tabac?

Beaucoup de tabacs!

1 **a** Lis et écoute la conversation.

b Lis les questions de Caroline.
Réponds 'oui' ou 'non' pour **ta** ville/**ton** village.

Il y a une piscine.

Il n'y a pas de piscine.

Phrases-clés		
Il y a	un marché un cinéma un hôpital une banque une épicerie une pharmacie	un tabac un parc une poste une piscine
Il n'y a pas	de marché	d'hôpital, etc.
Il y a beaucoup	de tabacs	d'épiceries, etc.

2 Qu'est-ce qu'il y a à Nulleville? Ecris des phrases.
Exemples: **a** Il y a un parc. **b** Il n'y a pas de banque.

a ✔ **b** ✗ **c** ✔ **d** ✗ **e** ✔

f ✔ **g** ✗ **h** ✔ **i** ✔ **j** ✗

Le Monde

3 Ecoute la cassette. Six personnes parlent de leur ville/village.

• Elles aiment leur ville/village? (☺ ou ☹)
Exemple: **1** ☹

• Réécoute la cassette. Note la lettre des images (exercice 2).
Exemple: **1** ☹ **f**, ...

4 *A toi!* A deux, discutez

• trois aspects **positifs** et

• trois aspects **négatifs** de votre ville/village.
Exemple:

A Il y a un cinéma. Ça, c'est bien. Mais il n'y a pas de piscine.

Ça, c'est nul. Moi, j'aime la natation. **B**

LE MINITEL

Le Minitel, en France, est similaire à Internet – mais c'est plus vieux!

Il y a 15 000 services différents! Le prix dépend du service, et certains sont gratuits.

Chaque service a un code spécial. Par exemple, le code **3615 FOOT**. C'est le code de la Fédération Français de Football. Ce service donne des informations sur le football.

Quelques services 'shopping'

Service 3615 GHT

Tu détestes le supermarché? Tu commandes tes provisions par Minitel, et le supermarché livre les provisions chez toi!

Service 3615 ALIR

Par ce service, on peut acheter des livres et des magazines.

Service 3615 DISC

On peut commander des CD, cassettes et vidéodisques.

On peut aussi acheter des vêtements par Minitel, par exemple, **3614 REDOUTE**, pour le catalogue 'La Redoute'.

le catalogue 'La Redoute'

D'autres services Minitel

• les loisirs
3615 KINO, pour des informations sur les cinémas
3615 DISNEYLAND, pour des informations sur les attractions, les hôtels, les cafés dans le parc à thèmes.

• les transports
3615 SNCF, pour des informations sur les trains, et pour acheter des billets.

• le tourisme
Des services pour les informations touristiques sur une ville, les hôtels et les restaurants. Par exemple, **3615 NANTES**.

1 Lis les articles. Réponds **en anglais** aux questions de ton cousin: 'What is Minitel?' 'Do all the services cost the same?'

Emploie un dictionnaire, si nécessaire

2 Quel est le bon service pour chaque personne?
1 I want to know what films are on at the cinema.
2 I need to know when the train from Bordeaux gets in.
3 I'd like to know the score of the football match.
4 I'd like to have a holiday in Nantes.
5 I want to buy Khaled's latest CD, but I don't have time to go into town.
6 I'd like to shop at a supermarket, but I don't have a car.

Vos désirs sont mes ordres, maître!

3 Quels services sont intéressants pour toi? Pourquoi?
Exemple: Le 3615 FOOT. J'aime le football.

H Point langue

Les adjectifs (adjectives)

I Fais correspondre les mots <u>soulignés</u> avec les mots anglais.
Si nécessaire, emploie un dictionnaire.

Exemple: **I** grande – big

I	une <u>grande</u> piscine	**6**	un <u>grand</u> centre sportif
2	une <u>belle</u> cathédrale	**7**	un <u>vieux</u> cinéma
3	une <u>vieille</u> piscine	**8**	un centre commercial <u>moderne</u> et <u>moche</u>
4	un <u>beau</u> parc	**9**	un <u>petit</u> centre sportif
5	une <u>petite</u> piscine.	**10**	un parc <u>moche</u>

> old   small   beautiful   old   ugly   big
> ugly   big   modern   beautiful   small

Stratégie

If you don't find *exactly* what you're looking for in the dictionary – **don't panic!**

- Some of the adjectives (describing words) in exercise I have an extra 'e' on the end (e.g. grand**e**). This is because the place they describe is **feminine** (e.g. **une** piscine). The dictionary normally only shows the **masculine** version (e.g. grand).

- If the feminine adjective is very different, the dictionary will tell you the masculine version, so you know what to look up.

Example:
You look up: **belle**   You look up: **beau**
You find: ➤   You find:

> **belle** *see* **beau**

> **beau** *adj* beautiful, fine, handsome

---

2 Regarde les images. Recopie la description de l'exercice I qui correspond.

a

b

c

d

e

f

3 Recopie ces adjectifs

ou

invente d'autres 'images'.

petit

Stratégie!
Pour apprendre les
adjectifs, fais des 'images'!

moche

vieux

grand

moderne

beau

4 **Révision: les couleurs**

Regarde les vêtements d'Alexandre.
Identifie les couleurs et donne ton opinion.

Exemples:

• Je n'aime pas la chemise noire.

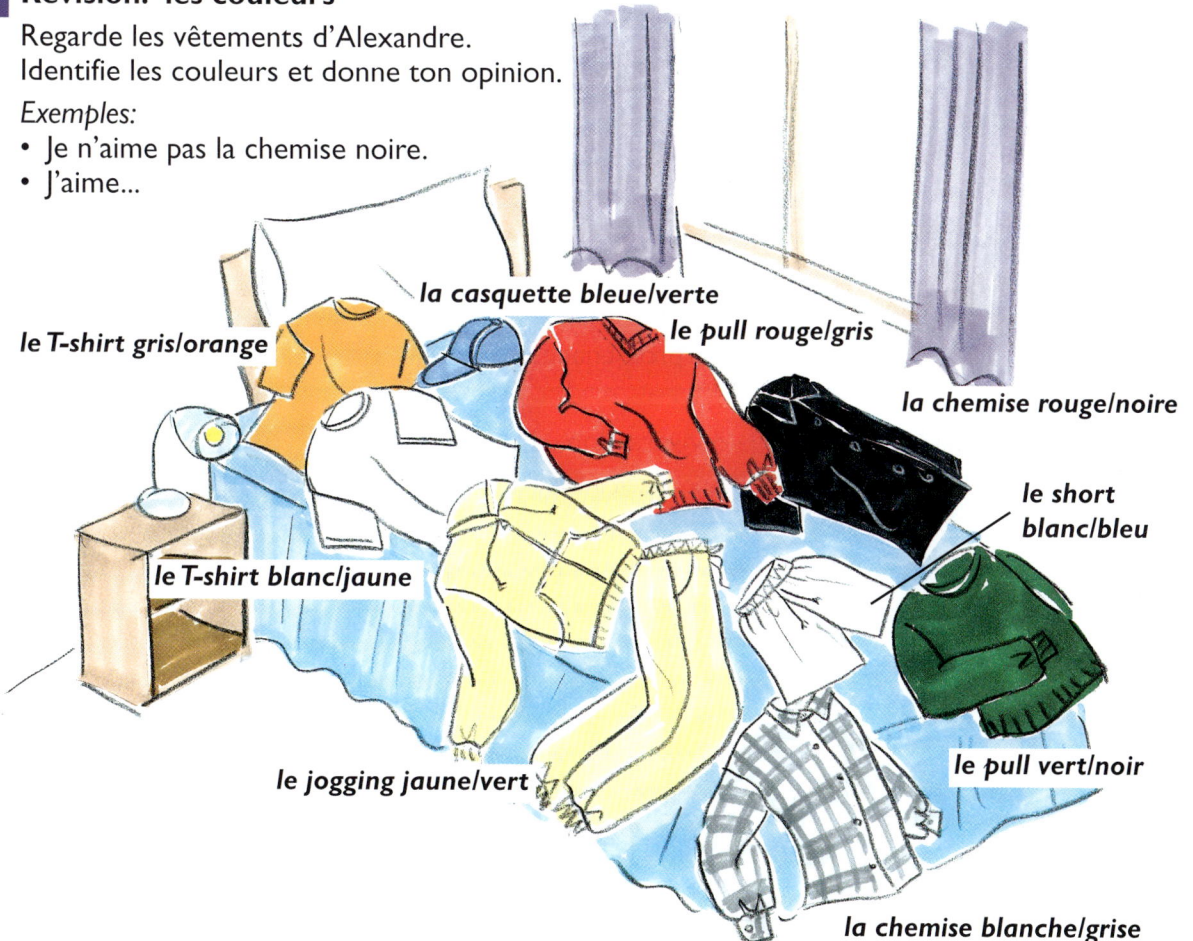

• J'aime...

la casquette bleue/verte

le T-shirt gris/orange

le pull rouge/gris

la chemise rouge/noire

le short blanc/bleu

le T-shirt blanc/jaune

le pull vert/noir

le jogging jaune/vert

la chemise blanche/grise

rouge   **jaune**   **orange**   gris(e)   **vert(e)**   noir(e)   **bleu(e)**   blanc(he)

1 Et la campagne?

La ville, c'est bien. Caroline, tu habites à la campagne! C'est ennuyeux, je suppose?

Mais non!!

au printemps, on peut...

faire du VTT   faire des pique-niques

en été, on peut...

faire de la natation   faire des barbecues

en automne, on peut...

aller à la pêche

faire des promenades

en hiver, on peut...

faire du ski

jouer dans la neige

a Lis et écoute la conversation.

b Et chez toi? A deux, discutez **quand** on peut faire chaque activité.

Exemple:

A On peut faire du VTT au printemps.

Oui, et en été aussi. On ne peut pas faire du ski ici.   **B**

A Non, c'est vrai.

Phrases-clés				
au printemps en été en automne en hiver	on peut	faire	des promenades des pique-niques des barbecues	du VTT du ski de la natation
		aller	à la pêche	
		jouer	dans la neige	

2 Ecoute la cassette. Recopie et complète la grille:

En ville, on peut...	A la campagne, on peut...
e, ...	e, ...

a

b

c

d

e

f

g

h

Stratégie

Listen carefully to all the details!
Remember:
on **ne** peut **pas** = you **can't**

3 Recopie et complète le diagramme.
Ecris des activités et dessine des symboles.

Stratégie

To help you learn new
words, draw diagrams.

faire du ski

à la campagne on peut ...

4 Regarde ce poster pour la ville.
Invente un poster pour la campagne.

La ville, c'est génial!

PISCINE

On peut... • aller au cinéma
• faire les magasins • aller à la piscine

Oui, c'est vrai, Caro. La campagne, c'est génial!

Je t'invite pour un week-end!

Super!

J Le temps et les saisons

La pierre météorologique magique!

«C'est sensationnel» Mme B F, Paris

La pierre est chaude?
Il fait chaud. Il fait du soleil.

La pierre est froide?
Il fait froid.

Il pleut.

La pierre est couverte
de neige? **Il neige.**

Il fait du vent.

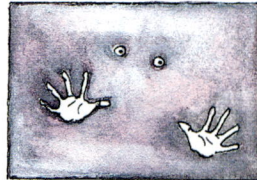

La pierre est invisible?
Il fait du brouillard.

Aussi
– la pomme de pin baromètre

~~100F~~ 50F

ouverte: **il fait beau.** ☺

fermée: **il fait mauvais.** ☹

I **a** Lis la publicité.
b Partenaire **A** dit une phrase.
B dit la lettre du symbole.
Exemple:

A Il pleut.

Symbole c. **B**

e

f

c

g

h

i

Phrases-clés

Il fait	du soleil	beau	chaud
	du brouillard	mauvais	froid
	du vent		
Il pleut			
Il neige			

2 Quatre personnes parlent du climat dans leur pays. Note les lettres des images (exercice 1).

1 au Canada
2 au Cameroun
3 en Corse
4 en Guadeloupe.

Exemple: **1 h,....**

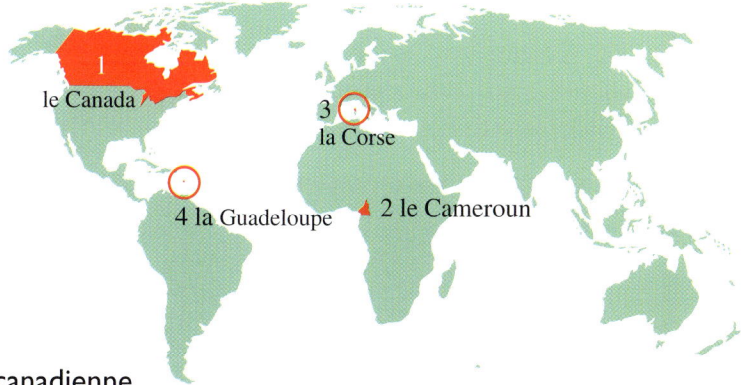

le Canada
3 la Corse
4 la Guadeloupe
2 le Cameroun

3 Lis le poème par une élève canadienne.

a Ecris les lettres des images dans le bon ordre:

Mon pays c'est ici...

Quand il neige sur mon pays
Il y a beaucoup de poudrerie

Quand il pleut sur mon pays
Il y a beaucoup de gens avec un parapluie

Sur mon pays, quand le vent siffle
Je ne vais pas dehors

Sur mon pays, quand il fait soleil
Il y a beaucoup de fleurs dans les corbeilles

Nadine Lapostalle
Ecole Madeleine-de-Verchère

b Que penses-tu du poème?
• C'est bien.
• Bof.
• C'est nul.

4 Ecris un poème pour ces symboles:

Quand il

On peut

Exemple:

Quand il fait du soleil
On peut faire des pique-niques

Idée!
Dessine des symboles.
Ton/ta partenaire écrit le poème.

K Les impressionnistes et la Normandie

Caroline a fait des recherches sur les impressionnistes et la région.

Les peintres impressionnistes aimaient beaucoup la Normandie.

En particulier, le peintre Claude Monet a fait beaucoup de peintures en Normandie.

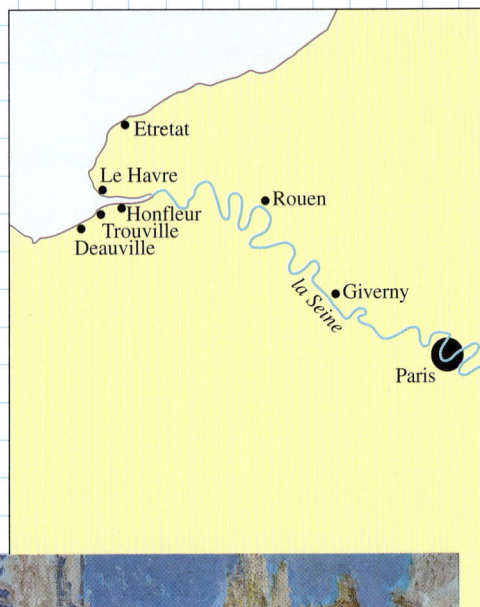

Etretat
Le Havre
Honfleur
Trouville
Deauville
Rouen
la Seine
Giverny
Paris

a

aimaient – liked

b

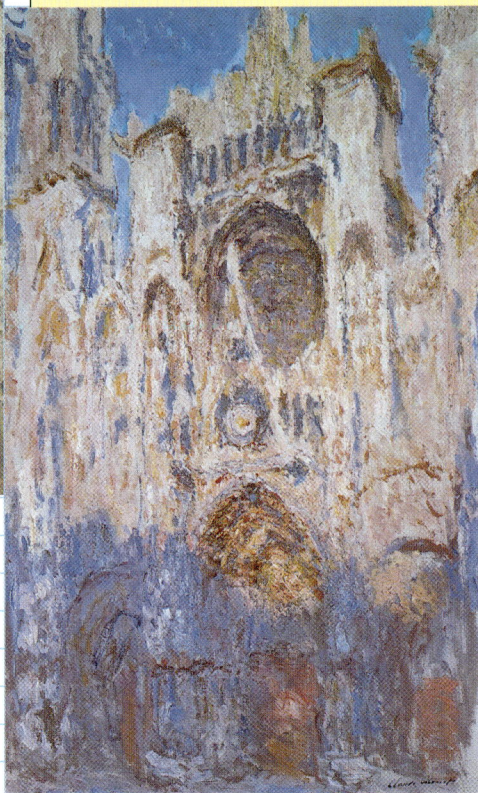

Par exemple, il a fait **vingt** peintures de la cathédrale de Rouen! Il a fait des peintures de la cathédrale le matin, l'après-midi, et le soir.

1 Regarde les peintures **a** et **b**.
A ton avis, c'est le matin, l'après-midi ou le soir?

Monet avait une maison à Giverny, près de Rouen. Il avait un très beau jardin, dans le style romantique. Il a fait beaucoup de peintures de son jardin.

Aujourd'hui, le jardin de Monet est ouvert au public.

le jardin de Claude Monet, à Giverny

Les Impressionnistes (Monet, Renoir, Sisley, etc) ont visité les ports de Trouville, Deauville, Honfleur et Etretat.

Ils ont fait des peintures au port et sur la plage.

avait – had

2 Relie les numéros et les lettres, à l'aide de l'article.

1 Monet était...
2 La maison de Monet...
3 Monet a fait beaucoup de peintures de...
4 On peut visiter...
5 Le jardin de Monet...
6 Les Impressionnistes ont visité...

A est située près de Rouen.
B le jardin de Monet.
C les plages de Normandie.
D un peintre impressionniste.
E la cathédrale de Rouen.
F est très beau.

3 a Tu aimes les peintures dans l'article? Et ton/ta partenaire?

Oui, j'aime bien les peintures.   Bof.   Non, je n'aime pas les peintures.

b Quelle peinture préfères-tu? Et ton/ta partenaire?

Je préfère ...   C'est beau/intéressant.

Réponse (exercice 1, p70)

a = le soir   b = le matin

L Atelier

Pour les jeunes, Rouen est génial. Mais pour les autres...?

Pour les personnes sans voiture, les bus sont importants.

Oui, et pour les personnes âgées, aussi.

1 Quels sont les aspects importants?
Coche (✓) une grille.
(✓ = c'est important)

aménagé – specially equipped
sans – without

	le prix (entrée/ billets) *F*	un parking	des toilettes aménagées	un ascenseur	les bus
pour les familles avec enfants	✓				
pour les personnes handicapées					
pour les personnes sans voiture					
pour les personnes âgées					

2 Discute de tes réponses avec un(e) partenaire.

A Pour les familles avec enfants... le prix, c'est important.

B Des toilettes aménagées... Non. Ce n'est pas important.

3 Alexandre a pris des notes sur des endroits à Rouen.

• Lis les notes.

• Donne un score pour chaque endroit: $^0/_{10}$ $^5/_{10}$ $^{10}/_{10}$

La piscine

Il y a un parking
C'est bien pour les enfants. Ce n'est pas cher.
C'est bien pour les personnes handicapées.
Il y a des toilettes aménagées.

Le centre commercial
Ce n'est pas bien pour les
familles avec enfants
et pour les handicapés, il n'y a pas
d'ascenseur. Il n'y a pas de toilettes
aménagées.
Il n'y a pas de parking.

Le cinéma
C'est bien pour les personnes sans voiture, il y a
un bus.
Ce n'est pas bien pour les personnes handicapées
Il n'y a pas de toilettes aménagées.

4 *A toi!* Et ta ville?

a Travaille avec un(e) partenaire.
Faites une liste des endroits, par exemple:

le cinéma   la piscine   le centre commercial   la patinoire

b Réponds à ces questions, pour chaque endroit:

1 Il y a un ascenseur?
2 Il y a des toilettes aménagées?
3 Il y a un parking?
4 Il y a un bus?
5 C'est cher?

c Donnez des points, par exemple:

le cinéma Odeon $^8/_{10}$

La vie au collège

Isabelle Vincent

A Si ça continue...

Mercredi matin, au collège

Isabelle, tu vas en ville avec nous?

Tu veux une cigarette?

Euh... d'accord, Murielle.

Euh... oui. Merci, Véronique.

Jeudi, au collège

Hé! Vous!

Isabelle... Absente lundi; absente mercredi... Et où sont tes devoirs?

Les amis d'Isabelle discutent de la situation.

Si ça continue, tu vas avoir des problèmes aux examens!

Isabelle n'est jamais au collège.

Elle fume beaucoup de cigarettes.

Oui, elle va avoir des problèmes de santé.

Murielle et Véronique ont une mauvaise influence sur Isabelle. Elle va avoir des problèmes avec la police!

Mais qu'est-ce qu'on peut faire?

1 Lis et écoute le roman-photo. Isabelle a quels problèmes? Note les numéros.

1 Elle est souvent absente.
2 Elle fume des cigarettes.
3 Elle boit de l'alcool.
4 Elle ne fait pas ses devoirs.
5 Elle est violente.
6 Elle vole dans des magasins.

Stratégie

If you find two meanings in the dictionary, choose the one which fits the situation better.

voler *vi* (*avion*, *oiseau*) to fly; (*voleur*) to steal

2 Ecris une phrase pour chaque image.

Tu vas avoir

avec la police.

de santé.

des problèmes

des problèmes

des problèmes

Tu vas avoir

des problèmes

Tu vas avoir

au collège.

3 Ecoute la cassette. On parle de six garçons. C'est quelle image?

Exemple: **1d**

a Il fume.

b Il vole dans des magasins.

c Il ne fait pas ses devoirs.

d Il est violent.

e Il est souvent absent.

4 *A toi!* Joue avec un(e) partenaire.
A dit un problème de l'exercice 3.
B dit un résultat probable.
Ensuite, changez de rôle.

A Il est violent.

B Il va avoir des problèmes avec ses amis.

Phrases-clés

Il Elle	vole fume est violent(e)	boit de l'alcool ne fait pas ses devoirs est souvent absent(e)	
Il va Elle va	avoir des problèmes		de santé au collège avec la police avec ses amis

B Résolutions et promesses

Tu ne vas pas sortir ce week-end! Tu vas faire tes devoirs!

Mais Papa!

1 Lis le contrat signé par Isabelle.
Relie les résolutions aux images.

Exemple: **1b**

Collège Louis Pasteur

CONTRAT

Résolutions:

1 Je vais travailler en classe.

2 Je vais faire mes devoirs.

3 Je ne vais pas fumer.

4 Je ne vais pas aller en ville.

5 Je ne vais pas voler dans les magasins.

Signé:

(élève) *Isabelle Vincent*

(parent) *L. J. Vincent*

---

a   b   c

d   e

2 Patrick et Agnès, dans la classe d'Isabelle, font des projets pour le week-end.

1   2   5   6

7

4

3   8

Ecoute la cassette. Pour chaque image (1-8), il y a deux phrases: a et b.
Note les bonnes phrases.

Exemples: **1** b   **2** a

69 **3** **Jeu de mémoire**

A dit une phrase.
B identifie la personne – **de mémoire**.
Ensuite, changez de rôle.

Exemple:

> **A** Je vais aller à la pêche.
>
> **B** C'est Patrick?
>
> **A** Oui. Un point.

Phrases-clés				
Qu'est-ce que tu vas faire ce week-end?				
Je vais	écouter regarder	de la musique la télé		
	aller	à la pêche en discothèque	à la patinoire au cinéma	en ville au bowling
	faire	du sport	du vélo	de la natation	mes devoirs
	jouer	au tennis	au foot	au basket

4 Qui va sortir avec qui ce week-end?
Exemple: Anne va sortir avec…

Thierry: Ce week-end, je vais aller en ville. Je vais regarder le nouveau film de Spielberg.

Anne: Vendredi soir, je vais aller en discothèque. Ça va être super.

Jérémy: Dimanche, je vais aller au centre sportif, pour jouer dans un match.

Fabrice: Samedi soir, je vais probablement aller au cinéma.

Adeline: Ce week-end, je vais aller danser, parce que j'adore ça.

Adrien: Samedi après-midi, je vais peut-être aller à la piscine.

Stéphanie: Ce week-end, je vais faire de la natation. C'est amusant.

Julie: Ce week-end, je vais faire mes devoirs d'abord, puis je vais jouer au basket.

5 **A toi!** Ecris tes projets pour le week-end et la semaine prochaine.
Exemple:

> Vendredi matin: Je vais aller en discothèque.

69 **6** **A toi!** Demande à six camarades de classe:
«Qu'est-ce que tu vas faire ce week-end?»
Note les réponses. Quelles personnes vont faire les mêmes choses?

Stratégie
Demande à ton/ta prof. *Exemple:* «Comment dit-on 'to my Auntie's'?» «On dit 'chez ma tante'.»

C Des invitations

a

b

c

d

e

f

1 Chaque personne (a-f) invite un(e) ami(e).
Ecris l'invitation de chaque personne. (Recopie les mots des **Phrases-clés**.)

Exemple: **a** «Tu veux faire un pique-nique?»

Phrases-clés			
Tu veux	faire	un pique-nique de la natation du vélo	?
	aller	au cinéma au parc en discothèque	

2 a • Ecoute la cassette et vérifie tes invitations.
• Ils acceptent? Note ✓ ou ✗.

b Ecoute et identifie l'activité. Ecris un mot français.
Exemple: **1** pique-nique

Ça va, ton contrat, Isabelle?

Oui, ça va.

Oh non! Voilà Murielle et Véronique...

Salut, Isabelle. Tu veux aller en ville?

Euh... non, désolée. Je ne peux pas. Je vais chez Fatima.

Bravo, Isabelle!

3 a Lis et écoute la conversation. Isabelle accepte l'invitation de Murielle?

b Regarde le diagramme et écoute la cassette.
Note le scénario: A, B ou C.

> Tu es invité(e), par exemple à une soirée.

Scénario A: tu acceptes
«Oui, je veux bien.»

Scénario B: tu refuses
(*impoli!*)
«Non, je n'aime pas ça!»
«Non, c'est ennuyeux!»

Scénario C: tu refuses
(*poli!*)
«Désolé(e). Je ne peux pas.»

Phrases-clés

Oui, je veux bien.

Désolé(e). Je ne peux pas.

4 Joue ces dialogues avec un(e) partenaire. Mémorisez-les.
Ensuite, inventez quatre autres dialogues.

1 ● Tu veux ?

■ Oui, je veux bien.

2 ● Tu veux ?

■ Désolé(e). Je ne peux pas.

3 ● ?

■ ✓

4 ● ?

■ ✗

5 *A toi !* Travaille avec un(e) partenaire. Propose deux ou trois activités.
Qu'est-ce que vous décidez de faire?

D Point langue: the immediate future

je vais	jouer	I'm going	to play
tu vas	jouer	you're going	to play
il va	jouer	he's going	to play
elle va	jouer	she's going	to play
on va	jouer	we're going	to play

1 Relie les phrases aux images.

Exemple: **a** Il va jouer au tennis.

a

b

c

d

e

f

> Elle va visiter la cathédrale.   Il va aller à la pêche.
> Elle va faire du ski.   Il va jouer au tennis.
> Elle va acheter une carte postale.   Il va jouer dans la neige.

2 Qu'est-ce que tu vas faire?
Recopie les mots dans le bon ordre.

Exemple: **1** Je vais aller à la piscine.

1 piscine   Je   aller   à la   vais

2 la   vais   regarder   télé   Je

3 vais   faire   Je   barbecue   un

4 Je   musique   de la   écouter   vais

5 tennis de table   jouer   Je   vais   au

69 **3** **Jeu: qu'est-ce que tu vas faire ce week-end?**

Jouez en groupe, avec un dé.

Instructions

Jette le dé deux fois. C'est quelle image?

Exemple: 2 + 5 = Image 7

- Dis une phrase correcte pour l'image.
  Exemple: Je vais faire du vélo.

- Une phrase correcte = un point.
  Les autres joueurs sont les juges.

Les activités

2

3

4

5

6

7

8

9

10

11

12

Expressions utiles	
faire une promenade	aller au bowling
faire de la natation	aller au cinéma
faire un barbecue	aller à la patinoire
faire du vélo	écouter de la musique
jouer au tennis	regarder la télé
jouer aux jeux-vidéo	

E Quel est ton groupe préféré?

Mon groupe préféré?
Les Négresses Vertes,
j'adore leur musique.

Mon équipe de
foot préférée, c'est Marseille.
Je regarde leurs matchs
à la télé.

Mon acteur préféré,
c'est Gérard Depardieu. C'est
un très bon acteur. Il est
vraiment chouette!

Ma sportive
préférée, c'est Marie-
José Perec, l'athlète. Elle
est super bien.

Mon sportif
préféré, c'est Laurent Jalabert,
le cycliste.

Moi, mon
actrice préférée, c'est
Juliette Binoche. Elle est
très belle.

1 Ecoute et lis la conversation. Regarde les photos.
Qui aime qui?

Exemple: Olivier: **c**

a

b

c

d

e

f

2 Ecoute les interviews (1-6).
- On parle de **musique**, **sport**, ou **cinéma**?
- Coche (✓) si tu aimes les mêmes personnes / équipes.

Exemple: **1** sport ✓

Phrases-clés			
mon	groupe acteur 🎬 sportif 🏃	préféré,	c'est...
	équipe actrice 🎬	préférée,	
ma	sportive 🏃		

3 *A toi!* Regarde les **Phrases-clés**. Ecris six phrases pour toi!
Exemple: Mon groupe préféré, c'est Pulp.

4 Pour chaque catégorie, trouve quelqu'un comme toi dans la classe.

1	groupe	**3**	acteur	**5**	sportif
2	équipe	**4**	actrice	**6**	sportive

A Mon groupe préféré, c'est East 17. Et toi?

B Moi aussi. Mon équipe préférée, c'est Liverpool. Et toi?

A Non. Mon équipe préférée, c'est Leeds United.

5 Regarde les trois cartes.
- **a** Recopie et complète les textes.
- **b** *A toi!* Invente des cartes sur tes célébrités préférées.

Ma _____ préférée, c'est Steffi Graf. _____ est super.

Mon _____ _____, c'est Arnold Schwarzenegger. Il est _____.

Mon _____ préférée, _____ St Etienne. Ils sont _____.

Attention!
Choisis seulement huit mots!

actrice sportif cool acteur
sportive c'est groupe
équipe Elle super préféré

F Des profils de stars

Les quatre top-models les plus beaux

Julien Lorang

Age: 23 ans
Nationalité: française
Taille: 1,84 m
Cheveux: blonds
Yeux: bleus
Passions: tous les sports, la cuisine

Renaud Selva

Age: 24 ans
Nationalité: française
Taille: 1,88 m
Cheveux: noirs
Yeux: marron
Passions: le shopping

Alain Gossuin

Age: 33 ans
Nationalité: française
Taille: 1,87 m
Cheveux: châtains
Yeux: bleus

Passions: les voitures anciennes, la photographie et les femmes

Marcus Schenkenberg

Age: 27 ans
Nationalité: suédoise
Taille: 1,89 m
Cheveux: châtains
Yeux: marron
Passions: la musculation et la boxe

Vanessa

Vanessa Demouy, star de télé, répond à notre questionnaire.

Elle adore:
- ✓ Al Pacino, Jodie Foster et Sophie Marceau
- ✓ Karima, sa meilleure amie
- ✓ les roses jaunes
- ✓ le bon vin
- ✓ Les tartes chocolat-banane
- ✓ Les robes longues et les pantalons.

Elle déteste:
- ✗ les hypocrites
- ✗ le scandale
- ✗ le café au lait
- ✗ les paparazzis
- ✗ les robes courtes et les jupes.

Mylène Farmer

la chanteuse canadienne nous parle...

Mylène Farmer aime manger beaucoup de choses, et en particulier, le riz, les spaghettis. Elle adore ça! Par contre, elle déteste la viande. Comme boisson, elle aime bien le coca, mais avec les repas, elle préfère boire du vin rouge.

Quand elle se relaxe, Mylène aime porter un jean, et regarder des films, par exemple *Bambi* et les films de François Truffaut.

A la question: «Que détestez-vous?» elle répond: voter dans les élections... et son nez!

BRAD PITT

Brad Pitt nous dit qu'il adore manger! En particulier, il aime manger au restaurant. Il va souvent au resto: il n'aime pas faire du shopping au supermarché, et il déteste faire la cuisine et faire la vaisselle!

Quand il se relaxe, Brad aime bien écouter de la musique.

Il aime aussi offrir des cadeaux à sa famille. En amour, il déteste absolument l'infidélité.

1 Lis les profils.

a Find the person who...

1 has chestnut brown hair and blue eyes	7 hates her nose
2 has black hair and brown eyes	8 hates doing the dishes
3 likes vintage cars	9 hates white coffee
4 likes yellow roses	10 hates short dresses
5 likes eating	11 hates voting
6 likes bodybuilding and boxing	12 hates cooking

b Invente quatre questions similaires pour ton/ta partenaire.

2 a Ecris **ton** profil!
(J'aime... Je déteste...)

b Ecris le profil de ta célébrité préférée.
(Il/Elle aime... Il/Elle déteste...)

Si possible, trouve une photo!

G Déléguée de classe

Collège Louis Pasteur

ELECTIONS:
DÉLÉGUÉS DE CLASSE

Responsabilités des délégués:

- représenter les élèves
- discuter avec les professeurs

> Regarde le poster!

> Isabelle, tu veux être déléguée de classe?

> Moi? Déléguée de classe?!

un(e) délégué(e) de classe – a class rep
un(e) élève – a pupil
le racket – bullying

> Oui, toi!

> Ben... OK!

Isabelle se prépare pour les éléctions. Elle fait un sondage.

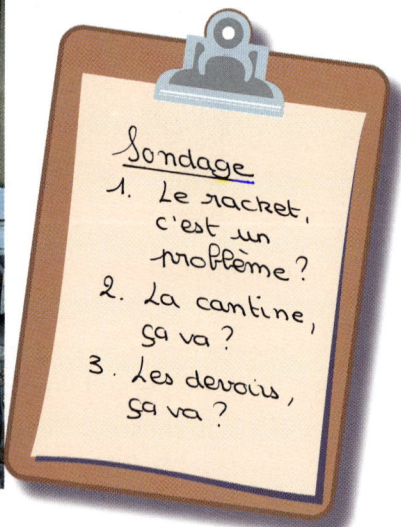

Sondage
1. Le racket, c'est un problème?
2. La cantine, ça va?
3. Les devoirs, ça va?

I Les réponses correspondent à quelles questions?
Exemple: «Non, la cantine, c'est nul.» – question 2

A Non, la cantine, c'est nul!

B Non, c'est un problème.

C Oui, le racket, c'est un problème.

D Non, ça va.

E Oui, la cantine, ça va. C'est bien.

F Oui, les devoirs, ça va. C'est facile!

2 a Ecoute trois interviews. Note les **sujets** discutés.
Réécoute la cassette. Note les **opinions** (☺ ou ☹).

Exemple: Youssef: 1 racket – ☹ 2 cantine – 3 ...
Audrey: 1 ...   2 ...   3 ...
Nicolas: 1 ...   2 ...   3 ...

b Quel est le plus grand problème?

le plus grand – the biggest

3 Lis la lettre. La correspondante anglaise d'Isabelle parle de son collège.

a Regarde les images. Ecris les lettres dans le bon ordre.

a

b

c

d

Je vais te parler de mon collège. En général, ça va.
Les devoirs, pas de problème, c'est facile! Mais la
cantine, c'est vraiment nul! Les pizzas sont horribles!
Moi, j'apporte des sandwichs.

Le racket, c'est un grand problème dans notre
collège, malheureusement. Nous avons un uniforme
au collège. C'est vraiment moche, je le déteste!

b Note son opinion (☺ ou ☹).
Exemple: **b** ☺

Phrases-clés

Le racket,	c'est un problème?	Oui, Non,	c'est un problème. ça va.	
La cantine, Les devoirs, L'uniforme,	ça va?		c'est	bien nul facile moche

4 **A toi!** Ecris à ton/ta correspondant(e).
Donne ton opinion sur ton collège:
le racket, la cantine, les devoirs et l'uniforme.

Regarde l'exercice 3 pour t'aider.

5 **A toi!** Pose les questions des **Phrases-clés** à ton/ta partenaire.
Vous avez les mêmes opinions?

H La cantine, ça va?

I **a** Voici les menus du Collège Louis Pasteur.
Ecris la lettre des images pour chaque menu.
Exemple: lundi: **d,...**

b Invente:
1 un menu que tu aimes
2 un menu que tu n'aimes pas.

Collège Louis Pasteur		Menus pour la semaine		
lundi	*mardi*	*mercredi*	*jeudi*	*vendredi*
soupe aux carottes	pâté	melon	soupe à l'oignon	jambon
pizza et frites	spaghettis à la bolognese	omelette au fromage et frites	poulet au riz	poisson et pommes de terre
tarte aux pommes	fromage	yaourt	banane ou orange	glace

les entrées:

a   b   c   d   e

les plats principaux:

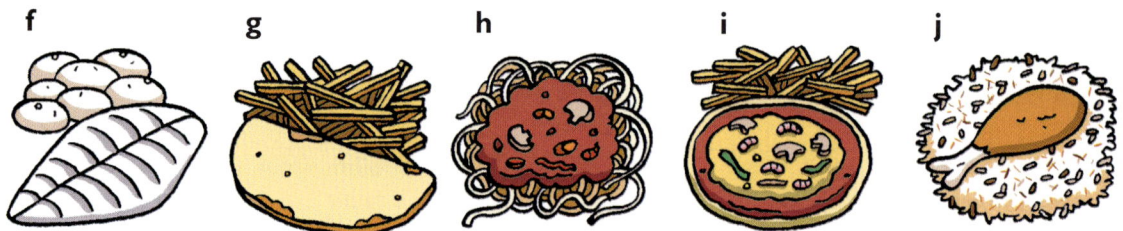

f   g   h   i   j

les desserts

k   l   m   n   o

2 **Jeu: je pense à quelque chose**
Jouez à deux.

- En secret, **A** écrit quelque chose des menus (page 88).
  Exemple: pizza et frites
- **B** pose des questions.
  Exemples:

  C'est une entrée?   C'est un plat principal?

  C'est un dessert?   C'est chaud?   C'est froid?

- **A** répond 'oui' ou 'non'.
- Il faut combien de questions pour deviner?

Prononciation: -au- / -eau-

A Ecoute la prononciation: **-au-** / **-eau-**.
Ecoute et répète ces mots:

au   aujourd'hui   Arnaud   faux   automne
cadeau   beau   château   beaucoup

B Recopie les mots qui riment avec 'beau'.

| rimer – to rhyme |

l'eau   marrant   le chocolat

chaud   une glace   un château

un musée   faux

C Change l'ordre des lignes pour faire un rap.
Commence par la ligne 4.

1 Je vais nager dans l'eau
2 J'achète un cadeau
3 Il fait chaud
4 Il fait beau
5 Je vais au château
6 Pour mon ami, Arnaud

| nager – to swim |
| l'eau – the water |

D Ecoute une version du rap sur la cassette.
Répète ton rap, avec un(e) partenaire!

1 Le manifeste d'Isabelle

VOTEZ
ISABELLE VINCENT!

MANIFESTE:

✓✓✓ Je propose: ✓✓✓

1 plus de frites
2 plus de musique
3 plus de sport
4 plus d'anglais

✗✗✗ Je propose: ✗✗✗

5 moins de devoirs
6 moins de maths
7 moins d'examens
8 moins de français

plus de – more
moins de – less

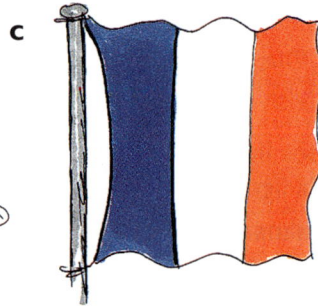

1 Lis le manifeste d'Isabelle.
Relie les sujets 1-8 (dans le manifeste) aux images **a-h**.
Exemple: **1** plus de frites – **e**

a b c d

e f g h

2 a Ecoute cinq candidats. Ils mentionnent quels sujets? Ecris les lettres.
Exemple: **1 b,...**

b Tu aimes le manifeste de quelle(s) personne(s)?

Phrases-clés		
Je propose	plus moins	de sport de volleyball de musique de gymnastique de maths de football de devoirs de frites de français d'anglais d'examens

69 **3** A deux!

A dit un sujet. **B** dit sa suggestion (avec une raison).
Ensuite, changez de rôle.

Exemples:

A Le football.

B Je propose plus de football.
J'adore ça, c'est chouette!

A Les examens.

B Je propose moins d'examens.
Je déteste les examens.

Sujets:

le volleyball

la gymnastique

les maths

les devoirs

le football

les frites

les examens

la musique

4 Ecris un manifeste pour:

Olivier Mouchot

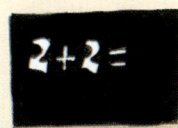

Mohamed Issad

J La publicité, c'est bien ou c'est nul?

Isabelle, tu vas faire un poster pour les élections?

Quelle sorte de poster? Marrant? Sérieux?

Regardons des magazines, pour l'inspiration...

a

L'ESPRIT DE CONQUÊTE

KOUROS FRAICHEUR
EAU DE TOILETTE

YVES SAINT LAURENT

Alexandre:	Ça, c'est très sexiste!
Delphine:	Sexiste?! Mais non! C'est cool!
Isabelle:	Oui, c'est cool!

b

AU VOLANT
choisissez le bon partenaire

EAU

campagne départementale 'alcool au volant' et 'l'alcool et la route' du 13 au 18 mai 1991

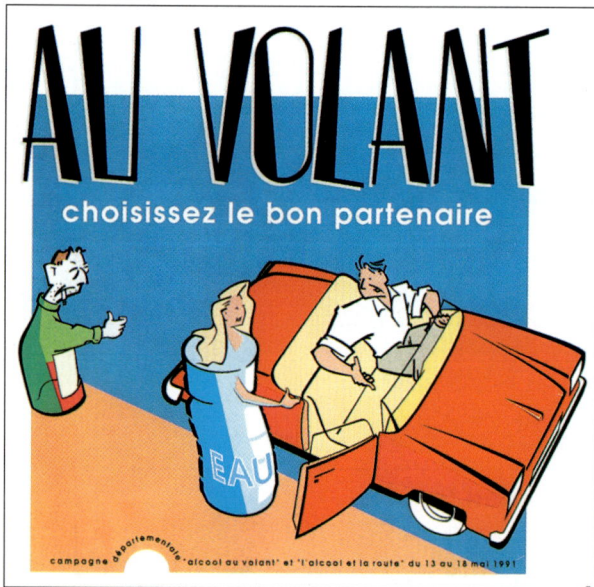

Isabelle:	Ça, c'est assez marrant.
Delphine:	Mais non, c'est vraiment bête!
Alexandre:	C'est nul, parce que ce n'est pas choquant! Une publicité contre l'alcool doit être choquante!

> au volant – at the wheel
> choisissez – choose
> bon – right

Alexandre:	Ça, c'est marrant, n'est-ce pas?
Isabelle:	Oui, c'est très mignon!

> ça mérite réflexion –
> it's worth thinking about

c

Télé Z:2F. Ca mérite réflexion!

1 a Ecoute et lis la conversation.

b Relie les opinions en français aux mots anglais.

Exemple: mignon – cute

Phrases-clés			
C'est	très assez vraiment	mignon cool marrant sexiste	choquant bête sérieux

mots anglais

stupid   sexist   serious   cute   funny   shocking   cool

2 *A toi!* Discute des publicités **a-f** avec un(e) partenaire.

Vous aimez les mêmes publicités?

Exemple:

A La publicité a, c'est assez cool.

B Mais non! C'est vraiment bête!

d

MESSIEURS, VOICI LA NOUVELLE 106. (DE VOTRE FEMME)

LES HOMMES ONT DE NOUVELLES RAISONS D'ETRE FOUS DE LA VOITURE DE LEUR FEMME.

106 PEUGEOT

messieurs – gentlemen
nouvelle – new
votre femme – your wife

e

Schhh...!

f

53. accidents domestiques chez l'enfant

Laboratoire Conseil Oberlin

Propriété du Laboratoire OBERLIN –
Tous droits de reproduction réservés

3 a *A toi!* Ecris ton opinion des publicités **d**, **e** et **f**.

Exemple: **d**, c'est cool et marrant.

b Ecoute la cassette. Isabelle a les mêmes opinions que toi? Ecris ✓ ou ✗.

K Atelier

Des élections

La classe va voter pour un(e) délégué(e) de classe!
Travaillez en groupe de trois ou quatre. Chaque groupe a un candidat.

1 Choisissez un(e) candidat(e)
Votez pour un(e) candidat(e) pour votre groupe.
Exemple:

> Qui vote pour Teresa?

> Moi!

> Moi!

> Moi non.

> Deux pour Teresa.
> Qui vote pour Michael?

2 Un sondage

a Ecris des questions pour un sondage:

1 va? L'uniforme, ça

2 Les ça devoirs, va?

3 c'est Le problème? un racket,

4 va? cantine, ça La

b Trouve une réponse pour chaque question:

A Oui, ça va.

C Non, c'est nul!

B Non, c'est moche!

D Oui, c'est un problème.

c Chaque personne du groupe interviewe cinq autres personnes.

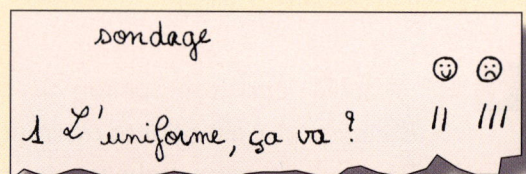

> sondage   ☺ ☹
> 1 L'uniforme, ça va?   II III

Votez Aline Balavoine!

- Je propose moins de devoirs.
- Je propose plus de frites à la cantine.
- Je propose moins d'examens.

GUILLAUME ROUX
MANIFESTE ÉLECTORAL

Je propose:

- plus de musique
- moins de devoirs
- plus de sport
- moins d'examens

VOTEZ GUILLAUME ROUX!

3 Le manifeste

a En groupe, discutez du manifeste d'Aline et de Guillaume:

C'est marrant? C'est sérieux? C'est bête? C'est bien? C'est nul? C'est ennuyeux?

b Quel manifeste préfères-tu? «Je préfère le manifeste de _____.»

4 En groupe, écrivez le manifeste de **votre** candidat(e).

5 Ecoute le discours d'Isabelle. Qu'est-ce qu'elle propose? Recopie et complète:

le discours – the speech

plus de...	moins de...
sport,....	...

Je m'appelle Teresa Simpson. Votez pour moi! Je propose plus de ...

6 Les élections

a Chaque candidat(e) fait un discours à la classe. La classe vote. Qui est élu(e)?

élu – elected

b Ecoute la cassette. Note combien de voix pour:

1 Aline   3 Olivier   5 Guillaume
2 Mohamed 4 Roulah   6 Isabelle

Qui est élu(e)?

L Révision

Le temps et les activités

1 Relie les symboles aux expressions.

Exemple: **a**: il pleut

a b c d e f g h i

| il fait beau | il fait chaud | il pleut | il fait du soleil | il neige |
| il fait froid | il fait mauvais | il fait du brouillard | il fait du vent |

2 Recopie les expressions.
Invente des symboles différentes.

Exemple: Il fait beau

3 Recopie les mots dans le bon ordre.

Exemple: **i** Tu veux faire un pique-nique?

i pique-nique? Tu un faire veux

j jouer veux aux jeux-vidéo? Tu

k Tu aller veux commercial? au centre

l veux neige? jouer la Tu dans

m vélo? faire veux Tu du

n Tu CD? écouter des veux

o faire Tu promenade? veux une

p à la aller veux pêche Tu

4 Ecoute six conversations.

a Quel temps fait-il? Ecris la lettre (exercice 1).
Exemple: **1** d

b Réécoute la cassette. Note les activités (exercice 3).
Exemple: **1** o

c Réécoute la cassette. On accepte? Ecris ✓ ou ✗.

5 a Invente des conversations.
Exemple:

A Il neige.   Tu veux jouer dans la neige? **B**

A Oui, je veux bien.

ou

Désolé(e). Je ne peux pas.

b Invente des conversations ridicules!
Exemple:

A Il pleut.   Tu veux aller au parc? **B**

A Oui, je veux bien.

6 Invente un jeu de mots pour chaque saison:
AU PRINTEMPS   EN ETE   EN AUTOMNE   EN HIVER
Exemple:

						I			
						L			
						F			
						A			
	I					I			
	L					T			
	P					D			
	L					U			
	E					V			
A	U	P	R	I	N	T	E	M	P	S
	T					N			
						T			

UNITE 5

A ta santé!

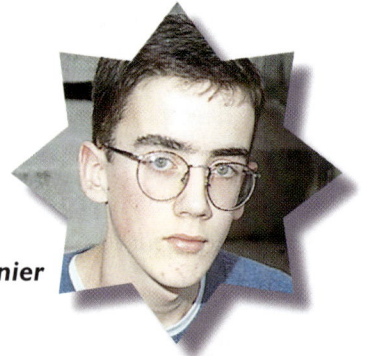
Marc Saunier

A De la tête aux pieds

Samedi 15 mai

Dépêche-toi, Marc! Il est dix heures. Ton match de foot!

Je ne peux pas jouer au foot, maman. J'ai mal à l'estomac.

Mais tu es le gardien de but...

le gardien de but

1 Lis et écoute le roman-photo. C'est vrai ou faux?

1 Marc joue au tennis.
2 Marc a un match dimanche matin.
3 Marc est malade.

malade – ill

2 a Puzzle: le corps mystère
Identifie les parties du corps.
Exemple: 1 C'est la tête de **Madonna**.

b Ecoute la cassette et vérifie tes réponses.

Frank Bruno

Mariah Carey

Naomi Campbell

Madonna

Steve Davis

Monica Seles

1 C'est la tête de qui?

2 C'est le bras de qui?

3 C'est la main de qui?

4 C'est l'estomac de qui?

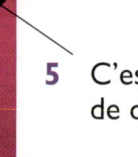

5 C'est la jambe de qui?

3 Ecoute les descriptions (1-3).
Identifie les extra-terrestres: **a**, **b**, **c** ou **d**?

a   b   c   d

4 **a**   Dessine un cercle.
     b   Ecoute la description.
        Dessine l'extra-terrestre.

Phrases-clés

le corps	le bras	l'estomac
la tête	la main	la jambe

5 **a**   *A toi!*   En secret, invente la description d'un extra-terrestre.
     b   Lis ta description à ton/ta partenaire.
        Il/Elle dessine l'extra-terrestre.
        Comparez. C'est exact, le dessin?

     Exemple:

> *Il a deux têtes. Il a quatre jambes. Il a trois bras et trois mains. Il a un grand estomac. Il s'appelle...*

6 Ça protège quoi?
Exemple: **I** Ça protège **les mains**.

protège – protects

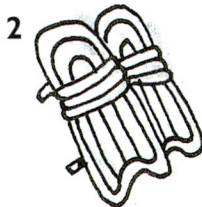

1   2   3

les jambes

les mains

4   5   6

les bras

la tête

B J'ai mal...

Chez le médecin

Je vais examiner ta gorge. Dis 'aahh'.

Bizarre! Ta gorge, ça va... Tu n'as pas de température... Je ne comprends pas.

Alors, Marc, ça ne va pas?

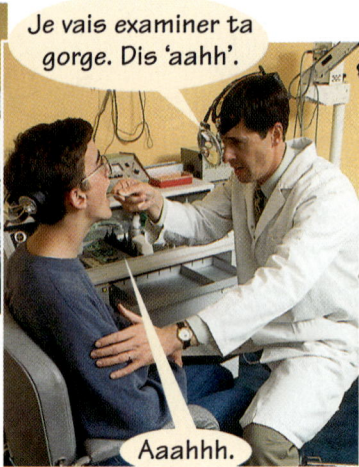

Non, j'ai mal à la gorge.

Et à l'estomac.

Aaahhh.

1 Lis et écoute la conversation.
Est-ce que les symptômes de Marc sont:

a normaux **ou**
b mystérieux?

normaux – normal

2 Désastre!
Chaque personne a un problème désastreux pour son travail!
Trouve les professions.

Exemple: **1** J'ai mal à la gorge – chanteuse

1 J'ai mal à la gorge.

2 J'ai mal à la jambe.

3 J'ai mal à la main.

4 J'ai mal à la tête.

5 J'ai mal aux pieds.

6 J'ai mal à l'estomac.

7 J'ai mal au bras.

les professions

secrétaire   chef de cuisine   chanteuse (– singer)
footballeur   acrobate de cirque
guitariste de rock   top-modèle

Phrases-clés					
J'ai mal	à l'estomac				
	à la	tête	jambe	gorge	main
	au	bras	pied		
	aux	jambes	mains	bras	pieds

3 **Excuses, excuses!**

C'est une **bonne** excuse ou une **mauvaise** excuse?!

Exemple: **1** C'est une **mauvaise** excuse!

> bonne – good
> mauvaise – bad, poor

1

Pierre,
Je ne peux pas aller à la
discothèque, parce que
j'ai mal à la main.
Aurélie

2

Suzanne,
Je suis désolée, mais je
ne peux pas aller au
restaurant. J'ai très mal
à l'estomac.
Nabila

3

Je suis désolé, mais je ne
peux pas jouer au foot.
J'ai très mal au pied.

4

Maman, je ne
peux pas aller au collège
aujourd'hui. J'ai mal
au bras.

4 *A toi!* Jouez à deux.

- **A** propose des activités. **B** invente des excuses.
- Les excuses sont bonnes?
  Ensuite, changez de rôle.

A Tu veux aller au concert?

Non, je ne peux pas. **B**

A Pourquoi?

Parce que j'ai mal aux oreilles. **B**

A C'est une bonne excuse.

Tu veux…

aller au concert?	aller au café?
aller au cinéma?	aller à la piscine?
jouer au tennis?	faire du skateboard?
jouer au foot?	faire du vélo?

C Tu aimes le fromage?

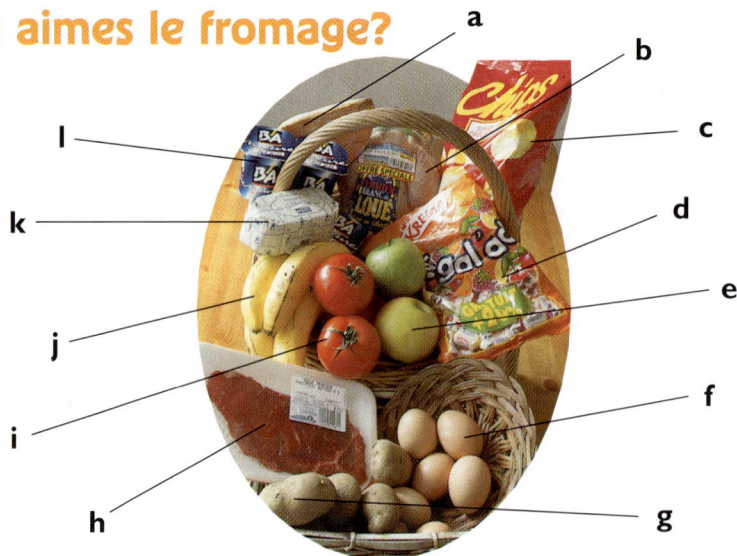

a
b
c
d
e
f
g
h
i
j
k
l

1 Relie les lettres et les mots.
Donne ta réaction:
- ☺ Mmm! J'adore ça!
- 😐 Bof! Ça va.
- ☹ Beurk! Je déteste ça!

Exemple:
a Le fromage – ☺ Mmm! J'adore ça!

Phrases-clés

les bananes	les chips
les œufs	le fromage
le poulet	le beurre
le yaourt	les pommes
la viande	les tomates
les pommes de terre	les bonbons

2 Tu aimes ça?
Exemples: **1** J'aime le poisson./J'adore le poisson.
ou **1** Je n'aime pas le poisson./Je déteste le poisson.

1

le poisson

2

les céréales

3

les carottes

4

les biscuits

5

le pain

6

les hamburgers

7

le chou

8

les frites

3 Ecoute l'interview.
Note la nourriture et l'opinion.
Exemple: **1** yaourt 😐

Phrases-clés

le chou	le poisson	le pain
les frites	les céréales	les chips
les biscuits	les carottes	

J'adore ça J'aime ça	C'est délicieux
Bof	Ça va
Je n'aime pas ça Je déteste ça	C'est horrible

4 a Ecris une liste de choses à manger (exercice 1 et 2).
Fais un sondage dans la classe.

Exemple:

> Tu aimes le poisson?

> Je déteste ça. C'est horrible!

	😊	😐	😞
le poisson	III	I	II
les céréales			

b Qu'est-ce qu'on aime le plus? Et le moins?

5 Joseph, ton correspondant, arrive samedi. Lis sa lettre:

En général j'adore les légumes. Par exemple, j'aime bien les carottes et les pommes de terre, mais je n'aime pas beaucoup le chou. J'adore les fruits. C'est délicieux! Je suis végétarien, donc je ne mange jamais de viande. Je trouve ça horrible! Je mange du poisson, mais je déteste les oeufs. Je suis allergique au fromage.

Tu peux préparer ça pour Joseph? Ecris ✓ ou ✗.
Exemple: **a** ✓

a de la soupe aux carottes
b un sandwich au fromage
c une omelette
d des sardines
e une tarte aux poires
f un steak-frites
g des crudités

Si nécessaire, emploie un dictionnaire!

6 **A toi!** Qu'est-ce que tu aimes/n'aimes pas? Ecris une lettre similaire.

D Mangez bien!

Le médecin a donné une brochure à Marc:

Mangez bien, mangez équilibré!

VOICI LES PROPORTIONS IDÉALES DES CINQ GROUPES D'ALIMENTS, POUR UN RÉGIME ÉQUILIBRÉ:

A Fruits et légumes

B Pain, céréales et pommes de terre

E Viande, poisson et alternatives

D Produits sucrés et gras

C Lait et produits laitiers

sucré – sweet
gras – fatty
régime équilibré – balanced diet

le yaourt
les frites
les bonbons
la viande
les pommes
les tomates
le pain
le fromage
le poulet
les céréales
les chips
le beurre
les biscuits
les pommes de terre
le poisson
le chou
les œufs
les bananes
les carottes

I Recopie les mots dans les bons groupes. *Exemple:* Groupe A
les pommes
les ...

2 Que mange Marc?

a Ecoute la cassette. Recopie et remplis la grille.

	souvent	parfois	jamais
pommes			✓

100% — toujours
— souvent
— parfois
0% — jamais

b Regarde la brochure (page 104).
Marc mange bien? Donne ton opinion.

Exemples: Il mange trop de...
Il ne mange pas assez de...

trop de – too much
assez de – enough

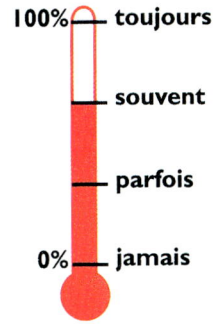

Phrases-clés

Tu manges Il mange	trop de assez de	chips frites pommes etc.
Tu ne manges pas Il ne mange pas		
Tu manges ça souvent?		
Oui, (très) souvent.	Oui, parfois.	Non, jamais.

3 *A toi!*

a Fais une liste de choses à manger et à boire.

b Interviewe ton/ta partenaire.

Exemple:

A Tu aimes les frites?

Oui, j'adore ça. C'est délicieux. **B**

A Tu manges ça souvent?

Oui, très souvent. **B**

Prends des notes.

	aime ça?			mange ça...		
	☺	😐	☹	souvent	parfois	jamais
frites	✓			✓		

c Changez de rôle.

d Regarde les résultats de ton interview. Tu es expert(e) en nutrition!
Ton/ta partenaire mange bien? Ecris des conseils.

Tu manges trop de frites.
Tu ne manges pas assez de...

E Je déteste le sport!

Samedi 22 mai

toujours – always

Marc! Ton match commence dans une heure!

Je ne joue pas. J'ai mal à l'estomac.

Hmm... Toujours le samedi matin... Marc, tu n'as pas mal à l'estomac! Il y a un problème?

Je déteste le foot! Je suis nul au football!

Les grands débats

Voici la question de Julie, une lectrice de Paris:

«Aimez-vous le sport?»

Salut Julie!

Moi, je déteste le sport. C'est ennuyeux! En plus, je suis nulle en sport – c'est dur!

Valentine, 14 ans

Chère Julie, je suis une fana de sport. Pour moi, le sport est une activité anti-stress. C'est relaxant.

Marie-Salomé, 14 ans

Chère Julie,

Ta question est intéressante. Moi j'aime bien le sport. Je m'intéresse aux arts martiaux. Je fais du judo. C'est amusant.

Kévin, 15 ans

Salut, Julie,

Moi, je ne suis pas sportif. Je n'aime pas le sport, c'est fatigant. Mais parfois, je regarde le sport à la télé. C'est bien, mais je préfère la musique.

Pierre-Charles, 16 ans

Hello Julie!

Moi, je n'aime pas tous les sports. Je déteste les sports d'équipe. Je préfère les sports individuels.

Sébastien, 16 ans

Salut Juju!

Est-ce que J'aime le sport? J'adore le sport! Le sport, c'est ma passion! Je suis dans un club de basket. C'est super.

Guillaume, 13 ans

Moi, je fais de l'athlétisme. J'adore ça. En plus, c'est bon pour la santé!

Céline, 15 ans

1 Lis le roman-photo et les lettres (page 106). Ecris les noms en deux listes:

> aime le sport   n'aime pas le sport
>   Marc

2 Recopie les opinions en deux listes.
Ecris les expressions en anglais.
Exemple:

Emploie un dictionnaire!

> ☺   ☺
>
> C'est bon pour la santé   C'est...
> (it's good for your health)

Opinions:

C'est bon pour la santé	C'est ma passion	C'est super
C'est relaxant	C'est amusant	
C'est ennuyeux	C'est fatigant	

3 Ecoute la cassette (1-6).
Note les opinions sur le sport **en anglais**.
Exemple: **1** boring

Phrases-clés

J'aime	le sport	C'est	amusant	relaxant
Je n'aime pas			super	bon pour la santé
J'adore			ma passion	dur
Je déteste			ennuyeux	fatigant

4 *A toi!* Fais un sondage en classe.
Réponds 'oui' ou 'non', et donne ton opinion.
Exemple:

A Tu aimes le sport?

Oui, j'adore le sport. C'est amusant! **B**

Sondage sur le sport	oui	non
Tu aimes les sports d'équipe?	ℍℍ III	
Tu aimes les sports individuels?		
Tu aimes regarder le sport à la télé?		

F | Une question de sport

- Fais le quiz. Ne regarde pas les articles!
- Ensuite, lis les articles. Trouve les réponses.

Quiz

1   Le Tour de France dure:
    a trois heures   **b** trois jours   **c** trois semaines?

2   Quel cycliste a été champion du Tour de France cinq fois de suite?

3   Wimbledon est le tournoi de tennis à Londres.
    Comment s'appelle le tournoi de tennis à Paris?

4   Quel est le 'sport national' de la France?

5   Quel est le sport préféré des hommes en France?

6   Quel est le sport préféré des femmes en France?

7   Quel est le sport préféré des garçons de 10-15 ans?

8   Quels sont les sports préférés des filles de 10-15 ans?

> quel, quels – what/which
> de suite – in a row

Stratégies

- The headings will help you find the right section for each question.
- Use your common sense to help you understand. Some words look like English words.
  You can work out some others from the sentence or the topic, eg:
  3 Wimbledon est le **tournoi** de tennis à Londres.
  (Wimbledon is a tennis **tournament**)
- Only use the dictionary if you get really stuck.

Le Tour de France

Le Tour de France est une compétition de cyclisme importante et très dure.

Distance: environ 4000 km

Durée: trois semaines

Etapes difficiles: les Alpes, les Pyrénées

Le cycliste en première position au classement général porte le célèbre maillot jaune.

Un grand héros du cyclisme, l'Espagnol Miguel Indurain, a gagné le Tour cinq années consécutives: '91, '92, '93, '94 et '95.

Jeu, set, et match

Les Français aiment regarder le sport à la télévision. L'événement le plus populaire est le tournoi de Roland-Garros, à Paris.

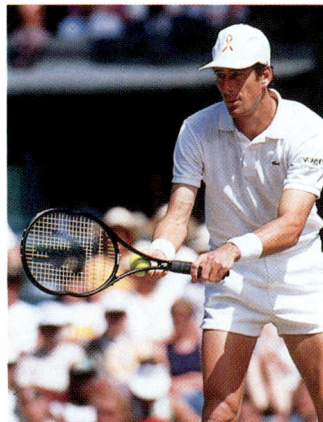

Un 'sport national'?

Certains pays ont des sports 'nationaux', par exemple le cricket et le badminton en Grande-Bretagne; le ski (et les boules!) en France.

Les préférences des adultes en France

On joue aux boules dans les rues et les parcs.

	% hommes	% femmes
l'athlétisme	6,9	3,3
le basket	6,1	3,9
les boules	17,7	5,0
le cyclisme	23,8	12,6
l'équitation	3,2	3,5
le football	16,6	1,1
le golf	2,1	1,4
la gymnastique	6,8	20,7
le jogging	19,1	12,0
le judo/le karaté	3,4	0,9
la natation	25,3	22,7
la pêche	12,8	1,7
le rugby	3,1	0,3
le ski	27,5	17,4
le tennis	22,0	10,1
le volleyball	8,2	4,5

Les sports les plus pratiqués par les 10-15 ans

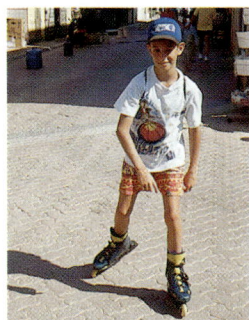

Numéro un en France: le football.
40% des garçons jouent au foot régulièrement.

Numéro deux: la natation et la danse.
Beaucoup de filles font ces activités.

Numéro trois: le judo, populaire chez les garçons.

Des sports populaires (pas pratiqués en club):
100 000 à 150 000 jeunes sont des fans de VTT;
50 000 préfèrent le skate-board ou les rollers.

G Le sport pour tous!

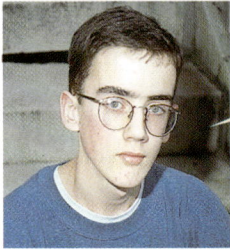

Je déteste le foot, et je déteste le sport!

Mais, Marc! Il y a beaucoup de sports différents!

1 Relie les images à la page 110 aux sports des **Phrases-clés**.
Exemple: **a** le roller

Phrases-clés				
le rugby	le badminton	le cricket	le judo	le jogging
l'aérobic	le skateboard	le cyclisme	le karting	le roller
le tennis	le tennis de table	le foot	le basket	le volley
la natation	la gymnastique	l'athlétisme	l'équitation	la pêche
le ski	le vélo tout terrain (VTT)			

2 Isabelle et Alexandre recommandent des sports différents à Marc. Ecris les lettres (voir page 110).

3 a Combien de sports peux-tu noter pour chaque catégorie?
b Compare avec ton/ta partenaire.

un ballon

1. sports d'équipe (*exemple:* le foot)
2. sports individuels (*exemple:* la natation)
3. sports pratiqués avec un ballon (*exemple:* le foot)
4. sports pratiqués sur des roues/roulettes (*exemple:* le roller)

une roue

une roulette

4 Jeu: hésitation interdite!

Joue avec un(e) partenaire.
- **A** choisit un endroit de la liste.
- **B** dit un sport pour cet endroit.

Jouez cinq fois.
Changez de rôle.

Liste des endroits
au collège
au centre-sportif
dans le parc
au stade

A *On peut faire ça... dans le parc.*

Le skateboard. **B**

5 a Lis ces poèmes.
b *A toi!* Ecris des poèmes similaires.

Le sport

Le karting,
C'est cool!
Le jogging,
C'est nul!

Le sport

L'équitation
C'est assez bien!
La natation
C'est super-bien!

H Un jeu de société

Faites ce jeu de société à deux ou en groupe!

Stratégies

To help you understand the instructions:
- think about typical rules of board games you know, e.g. 'Move forward 3 squares'.
- look at the illustrations and examples.

Equipement:

un dé

des cartes 'à manger' et 'sport'

des pions

Instructions:

☞ Chaque joueur jette le dé.

joueur – player
tour – turn

☞ Il avance son pion.

Exemple: ➡ avance de 4 cases

☞ Si nécessaire, il suit l'instruction/répond à la question.

Exemple:

21
Nomme trois sports d'intérieur.

Le badminton et le...

Si la réponse est correcte*, le joueur a un deuxième tour.
(* Les autres joueurs sont les juges!)

A moi. Passe-moi le dé.

C'est encore moi!

A toi!

50

49

48
Tu aimes le coca?
Recule de six cases.

47 **46** **45**

39
Nomme
trois fruits.

40 **41** **42**

43
Nomme trois sports
d'extérieur.

44

38

37 **36** **35** **34**

33
Prends une carte 'sport'.
Donne ton opinion. *Ex:* **Le
volley, c'est fatiguant.**

26 **27** **28**

29
Tu aimes le
chou? Avance de
deux cases.

30 **31** **32**

25
Prends une carte 'à
manger'. Tu aimes ça? *Ex:*
Oui, j'adore les frites.

24 **23** **22**

21
Nomme trois
sports d'intérieur.

14 **15** **16** **17**

18
Tu aimes les
frites? Recule de
quatre cases.

19 **20**

13

12
Prends une carte 'sport'.
Tu aimes ça? *Ex:* **Non, je
déteste le tennis.**

11 **10** **9**

8

1 **2**

3
Tu fais du
sport?
Avance de
cinq cases.

4 **5** **6**

7
Nomme
trois
légumes.

☐ L'équipement essentiel

> **Marc, tu veux faire du vélo avec nous?**
>
> **Je ne peux pas. Je n'ai pas de vélo.**
>
> **Tu veux le vélo de mon cousin?**
>
> **Euh...**
>
> **Allez, Marc! Ça va être génial!**
>
> **Bon, ben... d'accord!**

> ① **Alors, une carte, c'est essentiel.**
>
> ② **Et de l'argent, aussi.**
>
> ③ **Un pique-nique, c'est important!**
>
> ④ **Ce n'est pas essentiel. On peut manger dans un café! Mais un appareil-photo, c'est utile.**
>
> ⑤ **Et un K-way, s'il pleut...**
>
> ⑥ **Quoi?! On ne fait pas un safari dans la jungle!**
>
> **Et un couteau suisse et une lampe de poche, c'est essentiel aussi.**

☐ Lis et écoute la conversation.

    a Si nécessaire, cherche les mots soulignés dans le dictionnaire.

    b Tu es d'accord avec quelles personnes?

Stratégie

For words with more than one part (eg **lampe de poche** and **appareil-photo**), you often have to look right through the dictionary entry.

To save space, the first word is sometimes replaced by ~.

Exemple:

> **appareil** *nm* apparatus; machinery; (*téléphonique*) phone; (~-**photo** camera)

2 Fais une liste de choses utiles pour ces activités:

une promenade à la campagne	une visite de musée	camping à la campagne
– une carte	–	–
–		

3 Des jeunes font une promenade à la campagne.

a Ecoute la cassette. Remplis une grille.

Exemple:

	essentiel/utile	pas essentiel/pas utile
		✓

chose – thing
les mêmes – the same

b Compare avec ta liste de l'exercice 2. Combien de choses sont les mêmes?

Phrases-clés

une carte un pique-nique une lampe de poche un appareil-photo un K-way un couteau suisse de l'argent	c'est ce n'est pas	essentiel utile important

4 *A toi!* Travaillez à deux.

La situation:
Vous êtes abandonnés
sur une île déserte!

a Recopiez la liste.

b Discutez de chaque chose:
c'est utile ou non?

Liste

un couteau suisse
de l'argent
une carte
un pique-nique
un gameboy
un appareil-photo
un K-way
une lampe de poche

A Un couteau suisse, c'est important.

C'est essentiel! De l'argent,
ce n'est pas utile! B

c Notez vos conclusions sur la liste.

Liste

un couteau suisse – c'est essentiel
de l'argent –

d Vous avez d'autres idées?

Un supermarché, c'est très utile!

J De petits problèmes

🔉📖 **1 a** Regarde le roman-photo. Qui dit quoi?

Exemple: **a** 3

1 «A la jambe.»
2 «Tu vois? Une trousse de secours, c'est essentiel!»
3 «Aïeeee!»
4 «Tu as mal où?»

b Ecoute la cassette et vérifie.

📖 **2 a** Relie les mots aux images.

| de l'argent | une lampe de poche | des pansements | un stylo |
| du coton hydrophile | du paracétamol | une bande | du désinfectant |

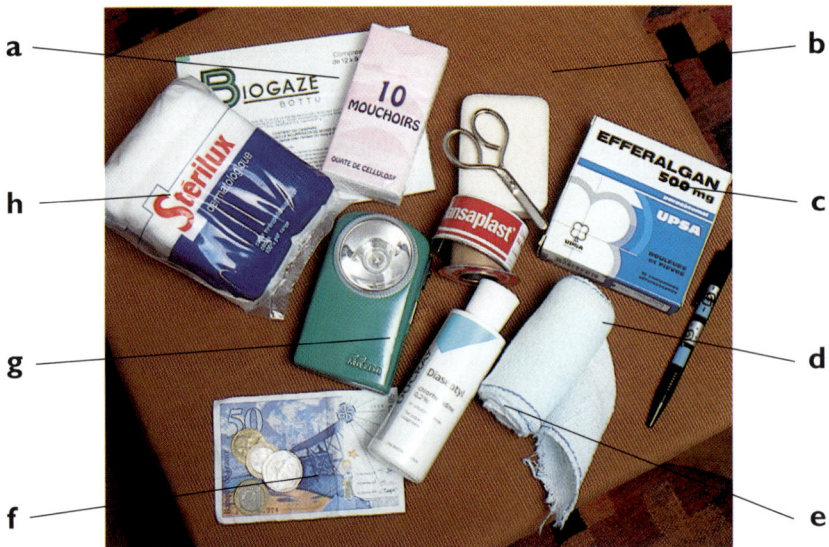

b Quels objets trouve-t-on dans une trousse de secours?

Fais une liste.

Comparez à deux.

> trouve-t-on? – do you find?
> une trousse de secours – a first aid box

3 **a** Relie les textes (**1-5**) aux images (**a-e**).
Exemple: texte 1 = image ___

b Explique le message en rouge en anglais.

Stratégie

Exercise a

- read through the texts quite quickly
- look for key words which will help you match them up, e.g. in text 1: main, eau, froide
- you don't need to understand every word!

1 Tu t'es brûlé à la main?
Passe ta main sous l'eau froide.

2 Tu t'es fait mal au pied pendant
une promenade? Mets une bande.

3 Tu as une insolation? Tu es resté trop longtemps au soleil? Rentre à
l'hôtel /à la maison. Prends une boisson sucrée ou du jus de fruit.

4 Prends du paracétamol, si nécessaire, et va au lit.

5 Tu t'es coupé à la main? Désinfecte bien avec
du coton hydrophile et du désinfectant.
Mets un pansement.

Pour les problèmes sérieux – va
immédiatement chez le médecin!

a

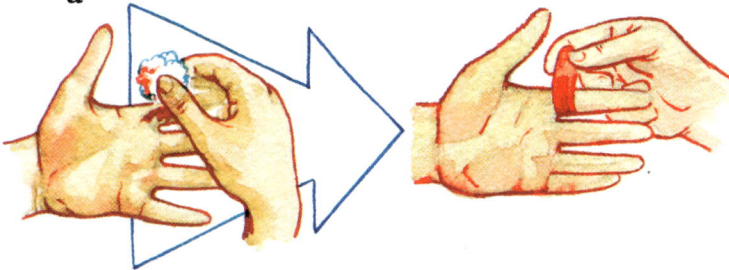

b

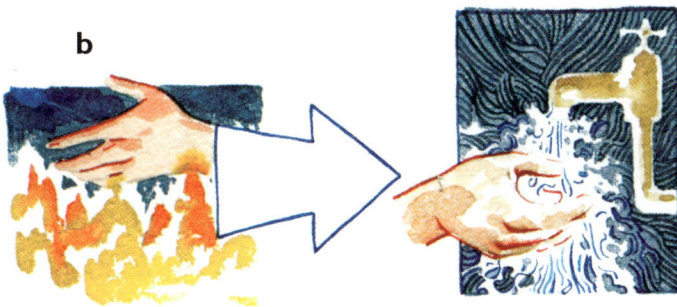

c

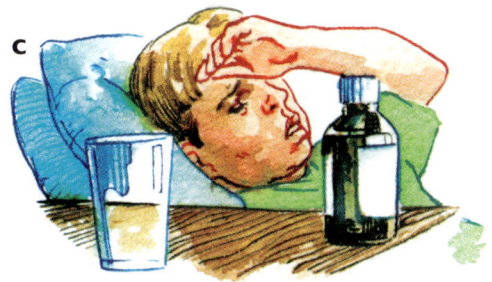

d

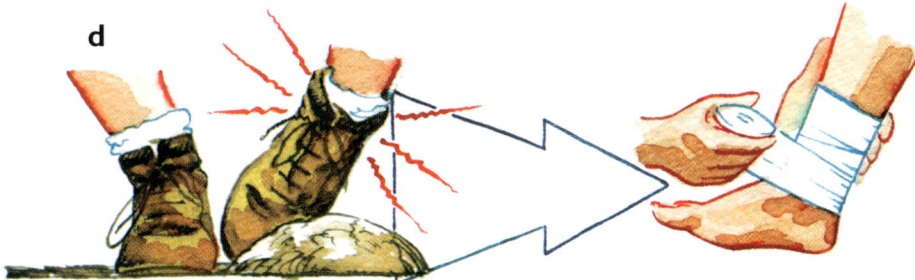

e

K Une journée spéciale

I Marc décrit la journée. Ecoute la cassette. Mets les images dans le bon ordre.

a

b

c

d

e

f

g

h

2 Fais des phrases complètes.

Exemple: **I D**

I   Hier, j'ai fait du...
2   A midi, j'ai déjeuné...
3   L'après-midi, j'ai visité...
4   **Après ça**, j'ai acheté...
5   A Dieppe, je suis allé...
6   **Après ça**, je suis allé...
7   Le soir, j'ai pris le train...
8   C'était vraiment super,...

A   un vieux château intéressant.
B   des badges et des cartes postales.
C   mais fatigant!
D   vélo avec mes copains.
E   au lunaparc avec les filles.
F   de Dieppe à Rouen.
G   au café.
H   à la plage avec Alexandre.

Stratégie

A useful expression for giving a description or telling a story:
après ça – after that.

3 Ecoute et identifie les descriptions (1-4) sur la cassette.
C'est **a**, **b**, **c** ou **d**?

a   une journée à la campagne   c   une journée en ville
b   une journée scolaire   d   une journée sportive

Phrases-clés

Le matin,	j'ai visité	un château un musée etc.
L'après-midi,	j'ai fait	du vélo les magasins etc.
Le soir,	j'ai acheté	des badges des CD etc.
Après ça,	j'ai déjeuné	au café au parc etc.
	j'ai joué	au tennis au foot etc.
	je suis allé(e)	au lunaparc au bowling etc.
C'était	super génial etc.	

4 *A toi!*   En groupe, inventez la description d'une journée.
Exemple:

A   **Le matin**,... je suis allé au centre commercial.
B   **Après ça**,... j'ai joué au basket.
C   **L'après-midi**,... j'ai acheté des cartes postales.
A   **Après ça**,... j'ai visité un musée.
B   **Le soir**,.... je suis allé au bowling.
C   **C'était**.... génial!

5 *A toi!*   Invente une description pour ce concours!

concours – competition

Concours!

Décris un super anniversaire
que tu as eu!

Premier prix:
3 000F

Ecris ta description sur ordinateur.
• Ton/ta partenaire vérifie la
  description.
• Corrige les erreurs.

Stratégies

• Structure your description. Use key phrases
  to show the sequence of events, e.g.

  Le matin,...
  Après ça, ...
  L'après-midi, ...
  Après ça,...
  Le soir,....

• Give your opinions. **C'était...**

L Atelier

Stage sportif

WEEK-END POUR LES JEUNES DE 13 À 18 ANS

- **Activités** Les activités sont sous forme de mini-stages. Les mini-stages durent une demi-journée. Chaque personne fait quatre mini-stages.

- **Hébergement** Les chambres du Centre Chevalier sont de cinq lits. WC et douches à chaque étage. Agréable salle à manger.

Pour tous renseignements – téléphoner: 02.35.23.54.11

Stratégie

Some French words look very like English words but mean something completely different! E.g: 'un stage' doesn't mean 'a stage'.

Always check that the meaning you've guessed makes sense in the context. If necessary, look up the word in a dictionary. (Here, look up 'stage' and 'journée'.)

---

1 Lis la publicité. Réponds aux questions:

1 C'est un stage pour qui?
2 C'est pour combien de jours?
3 Les jeunes font combien de sports?
4 Il y a combien de personnes dans chaque chambre? | chaque – each |
5 Il y a une salle de bains dans chaque chambre?

2 Ecoute la cassette. Une Française, Carole, téléphone au centre. Fais une liste des sports.

Exemple:

> Sports
> le football

3 Discute des sports avec ton/ta partenaire. | je choisis – I choose |
Choisis des activités pour:

1 samedi matin   3 dimanche matin
2 samedi après-midi   4 dimanche après-midi.

Exemple:

A Pour samedi matin, je choisis l'équitation. J'adore ça. Et toi?

Je n'aime pas l'équitation. Je choisis le basket. C'est super. **B**

4 C'est le sac de qui? Regarde les trois listes.

Sylvanie

une serviette
une lampe de poche
de l'argent
un appareil - photo
une raquette de tennis
un pull
des baskets
un short
des T-shirts
un gameboy
des magazines

Benjamin

un gameboy
un k. way
des baskets
un short
des T-shirts
de l'argent
un maillot de bain
une serviette
un baladeur
des cassettes
un ballon de football

Myriam

de l'argent
un maillot de bain et
une serviette
des baskets
un short
des T-shirts
un appareil - photo
un baladeur et des
cassettes
un pull
un k- way
une raquette de tennis

5 Avec ton/ta partenaire, discute des choses utiles pour le stage sportif.
Quelles choses avez-vous en commun?

Exemple:

A Des baskets, c'est essentiel.

B Pour moi aussi. Et un appareil-photo, c'est utile.

A Oui. Pour moi, une raquette de tennis, c'est utile.

B Pour moi, non.

6 a Fais une liste des activités que tu vas choisir (voir l'exercice 3).
b Fais une liste de vêtements utiles et d'équipement utile.

Exemple:
Samedi matin, je vais choisir **la natation**.
Samedi après-midi, je vais choisir...

Vêtements utiles: un maillot de bain

Vivent les loisirs!

A Tu as un petit job?

Fatima Hamed

Fatima, voici Katy, ma correspondante anglaise.

Bonjour, Fatima.

Salut.

Ça va, ton petit job, Fatima?

Oui! On m'a payée! J'ai acheté un T-shirt.

Il est super. Moi, je n'ai pas d'argent...

Tu as un petit job, Katy?

Oui. Et en France, les jeunes travaillent?

Pas beaucoup.

Tu as un petit job?

Oui, j'ai un petit job. Je travaille le vendredi et le samedi.

Tu reçois de l'argent de poche?

Oui, mais j'aide à la maison. Ma sœur n'aide pas! Ce n'est pas juste!

Tu gagnes combien?

Pas beaucoup! 550 francs.

Quand?

J'aide tous les jours.

1 Lis et écoute les interviews. Trouve et recopie les questions en français.

Pour t'aider, regarde les réponses de Fatima et Delphine!

1 How much do you earn?
2 When?
3 Do you get pocket money?
4 Have you got a part time job?

2 C'est vrai ou faux?

1 Fatima travaille dans un 'fast food'.
2 Delphine travaille dans un café.
3 Fatima reçoit de l'argent de poche.
4 Delphine et sa sœur aident à la maison.

3 Relie les réponses possibles aux questions.

Exemple: 1 b, d...

1 Tu as un petit job?
2 Tu travailles quand?
3 Tu gagnes combien?
4 Tu reçois de l'argent de poche?

a Oui, je reçois de l'argent de poche de mes parents.

b Oui, j'ai un petit job. Je fais du babysitting.

c Je gagne dix livres.

d Non, je ne travaille pas.

e Je travaille tous les jours, après l'école.

f Pas beaucoup!

g Je travaille le jeudi et le samedi.

h Pas beaucoup! Je gagne cent francs.

4 Ecoute cinq interviews sur la cassette.
Note les réponses aux questions 1-4 (exercice 3).

Phrases-clés	
Tu reçois de l'argent de poche?	Oui Non
Tu as un petit job?	Oui, j'ai un petit job Non, je ne travaille pas
Tu travailles quand?	tous les jours le week-end le samedi
Tu gagnes combien?	Je gagne .... livres/francs Pas beaucoup!

5 A toi!

a Interviewe quatre personnes dans la classe.
b Fais des diagrammes des questions et réponses (comme à la page 122).

Tu reçois de l'argent de poche?

Non.

Tu as un petit job?

B Mimi, baby-sitter

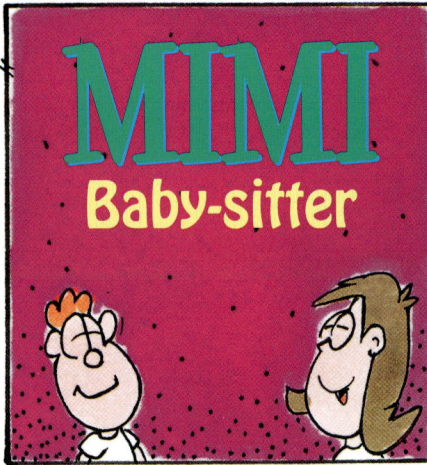

Pour gagner de l'argent de poche, Mimi fait du baby-sitting.

Kévin, voici Mimi.

Elle est très sympa.

Bonjour, Kévin!

Oh! Il est mignon!

B'zour Mimi!

S'il y a un problème, téléphone à ce numéro.

Bonne soirée!

Vite, on est en retard!

R'voir, maman

Bon, tu vas au dodo maintenant.

NAAANN

9h30

Kévin!!

Reviens ici!!!

La lampe!

11h00

Hi! Hi! Mimi! Hi! Hi!

Kévin! Descends tout de suite!!

Minuit

KRIK KRAK

!?

Salut! Tout va bien?

Ooh...il dort comme un ange!

Il est adorable, n'est-ce pas?

Avec le caractère de Kévin, on se demande pourquoi on paie une baby-sitter!

Ha! Ha! Il est très mignon!

---

1 Lis la BD.
Choisis un autre titre.

1 'Un job facile'
2 'Le baby-sitting, c'est dur!'
3 'Mimi aime son travail'

Expressions utiles

mignon – cute
au dodo – to bed (*children's language*)
il dort – he's sleeping
comme un ange – like an angel
on se demande – we wonder

2 Imagine! Que dit Mimi à ses amies?

1 C'était ennuyeux!

2 C'était affreux!

3 C'était marrant!

3 Et toi, quelle est **ton** opinion sur Kévin?

1 Il est mignon.
2 C'est un garçon typique.
3 C'est un monstre!

C Quels sont tes passe-temps?

Quels sont tes passe-temps?

A *Tu es actif/active?*

Tu fais du sport?
Par exemple, tu joues au foot
ou au tennis de table? Tu fais
du skateboard?

Tu fais de la danse?
Tu es guide ou scout?

B *Tu es créatif/créative?*

Tu bricoles?

Tu fais du dessin?

Tu fais du théâtre?

C *Tu as l'esprit musical?*

Tu écoutes de
la musique?

Tu fais de la musique?

Tu es membre d'un groupe?

D *Tu es solitaire?*

Tu joues sur ton ordinateur ou
ton gameboy?

Tu vas à la pêche?

Tu collectionnes...
des badges?
des timbres?
des autocollants
de football?

Tu regardes la télé?

1 Lis l'article.
Tu fais des activités de quelle(s) catégorie(s)? A, B, C ou D?

2 Ecoute la cassette (1-6). C'est quelle catégorie, A, B, C ou D?

Phrases-clés

Je fais	du sport de la danse	du dessin de la musique	du théâtre
Je joue	sur mon ordinateur	sur mon gameboy	
Je collectionne	des badges des autocollants (de football)	des timbres	

Je vais à la pêche.	J'écoute de la musique.
Je bricole.	Je suis membre d'un groupe.

Je ne fais pas de sport.	Je ne fais pas beaucoup de chose.

3 **a** Ecris une phrase pour chaque image.

b Ecoute la cassette (1-5).

- Note les passe-temps de chaque personne.
  Exemple: **1 c,** ...
- Quels passe-temps sont les plus populaires?

4 **a** Regarde le profil de Fatima.

b *A toi !* Ecris ton profil.

> Nom : Fatima Hamed
> Age : 15 ans
> Passe-temps : Je fais du théâtre et je joue du piano. J'aime le sport. Je joue au volley. Le soir, je me relaxe, je ne fais pas beaucoup de choses.

Stratégie

Si nécessaire, pose des questions à ton/ta prof.

Exemple:

> Comment dit-on 'I play the guitar'?

> On dit 'je joue de la guitare'.

5 *A toi !* Interviewe tes camarades de classe.

Tu trouves combien de personnes avec les mêmes passe-temps que toi?

> Quels sont tes passe-temps?

> Je collectionne des cartes postales et je vais au cinéma. Et toi?

> Je fais de la natation et je regarde la télé.

D Point langue

Les questions

qui?	*who?*	Tu travailles avec **qui**?
quand?	*when?*	Tu travailles **quand**?
où?	*where?*	Tu travailles **où**?
combien?	*how much?*	Tu gagnes **combien** d'argent?
	how many?	Tu fais **combien** d'heures par semaine?
pourquoi?	*why?*	**Pourquoi** aimes-tu le travail?
comment?	*how?*	**Comment** vas-tu au travail? En bus?
	what?	**Comment** s'appelle ton ami?
	what like?	Il est **comment**?
qu'est-ce que	*what?*	**Qu'est-ce que** tu fais, le week-end?

I Relie les questions et les réponses.

Exemple: **I C**

I	**Comment** vas-tu au collège?	**A** Je vais au club de musique.
2	**Pourquoi** aimes-tu les maths?	**B** Après le dîner.
3	**Qui** est ton professeur?	**C** Je vais au collège en bus.
4	Elle est **comment**?	**D** Parce que c'est intéressant.
5	Tu as **combien** d'heures de devoirs?	**E** Dans ma chambre.
6	**Quand** fais-tu tes devoirs?	**F** Elle est vraiment sympa.
7	**Où** fais-tu tes devoirs?	**G** J'ai une heure de devoirs par jour.
8	**Qu'est-ce que** tu fais après le collège?	**H** Madame Longy.

2 Trouve les bons mots!

I

_____ vas-tu?
Je vais à la piscine.

2

Je déteste l'anglais!
_____?
Parce que c'est difficile!

3

_____ tu fais ce soir?
Je vais à la discothèque
avec mes copines.

4

Tu as _____ d'argent?
J'ai 180 francs!

pourquoi

combien

comment

où

qu'est-ce que

Révision: les sports

3 Fais ces anagrammes. Ecris les phrases correctement.

Exemple: **1** Je joue du judo.

1 Je fais du odju.
2 Je fais du gnoggij.
3 Je joue au gyrub.
4 Je fais du lerlor.
5 Je fais du gratink.

6 Je joue au danbnotim.
7 Je joue au ickterc.
8 Je fais du droabskeat.
9 Je fais de l'obricéa.
10 Je fais du mislcyce.

4 Identifie les sports mystères!
Ecris une phrase pour chaque image.

Exemples: **a** Je fais de la gymnastique.
b Je joue au...

a   b   c   d

e   f   g   h

i   j

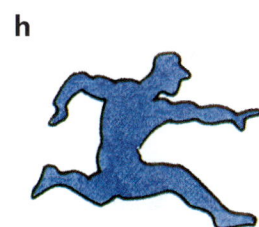

5 Suzanne fait quels sports?
Ecris six phrases.

Exemple: Elle fait du skateboard.

E   Tu fais ça souvent?

Mercredi matin

Tu vas au club des jeunes cet après-midi?

Non. Je travaille au 'Quick'.

Alors, tu sors ce soir?

Non, je fais mes devoirs.

Mais tu ne vois pas tes amis cette semaine?

Non. Je n'ai pas le temps!

1   Lis et écoute la conversation.
Fais deux phrases correctes:

Cet après-midi, Fatima...	fait ses devoirs.
Ce soir, Fatima...	sort avec ses amis.
	va au club des jeunes.
	travaille.

2   **Jeu de logique**   Qui sort le plus?

Céline va au club de théâtre deux fois par mois. Elle va en discothèque le week-end.

Catherine fait de la danse le mercredi, le jeudi et le samedi. Elle fait du jogging six fois par semaine.

Christophe joue au tennis de table tous les jours. Il fait du VTT une fois par semaine.

Phrases-clés

tous les jours		
le week-end		
le mardi (etc.)		
une deux...	fois par	semaine mois

tous les jours = lundi, mardi, mercredi, jeudi, vendredi, samedi, et dimanche

une fois par mois = (par exemple) le 3 mars, le 17 avril, le 12 mai, etc.

3   Ecoute les interviews (1-8). Prends des notes:

	passe-temps	quand?
1	skateboard	tous les jours
2		

4 On a fait un sondage. Lis et écoute les conversations.

Tu fais souvent du vélo?

Oui, deux ou trois fois par semaine.

C'est super bien!

Pourquoi?

C'est relaxant.

Tu joues souvent sur ton ordinateur?

Oui, tous les jours.

Pourquoi?

Mais non! C'est archi-nul!

C'est intéressant.

Le langage des jeunes: Trouve deux mots dans les conversations:

? = très bien   ? = vraiment nul

Phrases-clés				
C'est	intéressant super bien	relaxant cool	amusant génial	
C'est	ennuyeux	fatigant	nul	archi-nul

5 *A toi!* Fais un sondage.

a Ecris ces questions correctement:

1 fais sport? du Tu

2 Tu télé? la regardes

3 de écoutes musique? la Tu

4 cinéma? Tu au vas

5 sur un joues Tu ordinateur?

6 Tu musique? de fais la

b Invente d'autres questions sur les passe-temps.

Exemple: Tu vas à la pêche?

c Pose les questions de **a** et **b** à tes camarades, et note les réponses.

	Oui	Non
Tu fais du sport?	ᵀᴴᴴ	II

Exemple:

A Tu fais du sport? Oui, je fais de la natation. B

A Quand? Une fois par semaine. B

A Pourquoi? C'est super bien. B

d Fais un 'hit-parade' des passe-temps.

Hit parade des passe-temps
Numéro 1 – télé
Numéro 2 –

F Un coup de téléphone

Vendredi après-midi

Allô.

Bonjour.
Je peux parler à
Fatima?

Samedi matin

Allô.

C'est Fatima?

A
- Allô.
- Bonjour. Je peux parler à Fatima?
- Désolée, elle n'est pas là.
- Elle va rentrer à quelle heure?
- A huit heures.
- Merci. Au revoir.
- Au revoir.

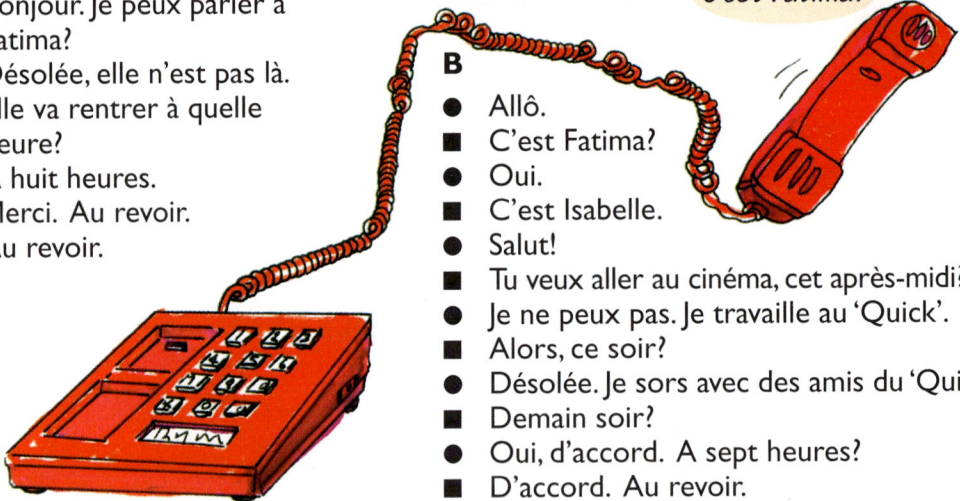

B
- Allô.
- C'est Fatima?
- Oui.
- C'est Isabelle.
- Salut!
- Tu veux aller au cinéma, cet après-midi?
- Je ne peux pas. Je travaille au 'Quick'.
- Alors, ce soir?
- Désolée. Je sors avec des amis du 'Quick'.
- Demain soir?
- Oui, d'accord. A sept heures?
- D'accord. Au revoir.
- Au revoir.

1 Lis et écoute les conversations.
Trouve et recopie les équivalents en français:

It's Isabelle.   I'm sorry, she's not in.
What time will she be back?
Is that Fatima?   Goodbye
Can I speak to Fatima?   Hello.

Phrases-clés

Allô.
Je peux parler à (nom)?
Désolé(e), il/elle n'est pas là.
Il/Elle va rentrer à quelle heure?
C'est (nom)?
C'est (nom).

⬜🔲 **2** Ecoute sept conversations au téléphone.
- Est-ce que la personne est là? Note: ✓ / ✗.
- Si oui, note l'activité.
- Si non, il/elle va rentrer à quelle heure?

🔲 **3** Fais ces dialogues avec un(e) partenaire. Changez de rôles.

1
Allô.
Bonjour. Je peux parler à Olivier?
Désolé(e), il n'est pas là.
Il va rentrer à quelle heure?
A six heures.
Merci. Au revoir.
Au revoir.

2
Allô.
C'est Olivier?
Oui.
C'est Alexandre.
Salut!
Tu veux aller au cinéma?
Oui, je veux bien. A sept heures?
D'accord. Au revoir.
Au revoir.

3
Allô.
Bonjour. Je peux parler à Delphine?
Désolé(e), elle n'est pas là.
Elle va rentrer à quelle heure?
🕐
Merci. Au revoir.
Au revoir.

4
Allô.
C'est Delphine?
Oui.
C'est Isabelle.
Salut!
Tu veux aller 🏊 ?
Oui, je veux bien. A 🕐 ?
✓ Au revoir.
Au revoir.

🔲 **4** *A toi!* Inventez les détails! Changez de rôle.

1
- Allô.
- Bonjour. Je peux parler à _____?
- Désolé(e), il / elle n'est pas là.
- Il / Elle va rentrer à quelle heure?
- A _____.
- Merci. Au revoir.
- Au revoir.

2
- Allô.
- C'est _____?
- Oui.
- C'est _____.
- Salut!
- Tu veux aller _____?
- ☺. A _____ heures?
- ✓ Au revoir.
- Au revoir.

Voici des activités possibles:

G **Es-tu rap ou techno?**

FAMILLE DANCE

Grand-père Soul
Musique noire américaine. Stevie Wonder a fait des liens entre la soul et le funk.
A écouter: Marvin Gaye, Aretha Franklin, Stevie Wonder, Otis Redding.

Grand-oncle Funk
Plus musical que le disco. Les chansons de James Brown sont souvent samplés dans la house. *A écouter: James Brown, Earth Wind and Fire, Georges Clinton, Michael Jackson, Prince.*

James Brown

Tante Disco
Fameuse musique du film *La fièvre du samedi soir* (les Bee Gees), la musique disco est rythmée par un beat métronomique à 2 temps. *A écouter: Boney M, Village People, Gloria Gaynor, Patrick Hernandez.*

Le fils House
La house a remplacé le disco, à la fin des années 1980. C'est un remix de plusieurs chansons, avec des batteries électroniques. La danse est très physique... *A écouter: Marrs ('Pump up the volume'), Coldcut.*

FAMILLE RAP

Le père Rap
Le rap a été créé dans le Bronx à Harlem au début des années 1980, par les disc-jockeys. Le texte est parlé sur des rythmes samplés. *A écouter: MC Hammer, Beastie Boys, Ice T, Coolio, Reciprok, NTM, Assassin, Luniz.*

Beastie Boys

Les fils
New Jack: Mélange de rap et de soul funk. *A écouter: Menelik, Alliance Ethnik, The Fugees.*

Raggamuffin: Né en Jamaïque, il est un mélange de rap et de reggae. *A écouter: Tonton David, Raggasonic.*

Trip Hop: musique samplée, à partir de morceaux de jazz, de blues ou de funk. *A écouter: Tricky, Massive Attack, Howie B, Ruby, Björk.*

LES INCLASSABLES

David Bowie, Jimi Hendrix, Pink Floyd, Genesis, Patti Smith, Lou Reed, Velvet Underground, U2, The Cure... etc!

FAMILLE ROCK

Grand-père Hard Rock

Il est apparu en 1968 à Los Angeles. Les riffs de guitare et les paroles sont violents. En 1970 apparaît le heavy metal: guitares poussées à l'extrême. *A écouter: Scorpions, ACDC, Metallica, Death*

L'oncle Punk

Né en Angleterre en 1976, le mouvement punk, c'est la révolte des jeunes. *A écouter: Sex Pistols, The Clash, Stranglers.*

The Clash

Les petits-fils:

Fusion: Elle mélange rap, rock, funk et jazz-rock. *A écouter: Red Hot Chilli Peppers, Rage Agaianst the Machine, FFF, Fishbone*

Pop: Avec la pop, l'important, c'est la mélodie, et des chansons structurées. *A écouter: Oasis, Blur, Pulp, Les Innocents, Radiohead, Les Stone Roses.*

Grunge: Le mouvement grunge vient de Seattle, aux Etats-Unis. Le look est négligé. Le grunge a été popularisé par le groupe Nirvana et son chanteur, Kurt Cobain, mort en 1994 à l'âge de 27 ans. *A écouter: Nirvana, Soundgarden, Therapy?, Pearl Jam.*

FAMILLE TECHNO

Père Techno

Priorité au son et au rythme! *A écouter: Laurent Garnier, Carl Cox, Orbital.*

Les fils:

Jungle: basé sur des rythmes africains, des percussions et des tam-tams *A écouter: Kinetic, A.T.O.M., Marc Scoozy, Scan X.*

Hard core: une musique aggressive *A écouter: The Prophet, Sintec, Lunalotic.*

1 a Tu préfères quelle(s) famille(s)?
Tu préfères quels membre(s)?
Tu n'aimes pas quelle(s) famille(s)?

b Compare avec ton/ta partenaire.

Je préfère…. Et toi?

2 Dans l'article, beaucoup de mots sont similaires à l'anglais. Combien de mots peux-tu trouver? Fais une liste.

3 Choisis trois membres des familles. Ecris des notes **en anglais** pour un(e) ami(e).

Stratégies

You don't have to translate every word – just note the **general** meaning.
- Look for words which are like English.
- You already know some of the French words. Can you guess some of the others?
- If you have to, look up one or two words.
- Use your common sense and your own knowledge!

H Jeux

1 Trouve l'intrus! C'est a, b, c ou d?

1
- a Je joue de la guitare.
- b Je joue au tennis de table.
- c Je joue du piano.
- d Je joue du violon.

3
- a Je vais à la pêche.
- b Je bricole.
- c Je fais du dessin.
- d Je fais de la graphique sur mon ordinateur.

2
- a Je fais de la danse.
- b Je collectionne des timbres.
- c Je fais de la musique.
- d Je suis membre d'un groupe de rock.

4
- a Je joue sur mon ordinateur.
- b Je joue sur mon gameboy.
- c J'écris des programmes pour mon ordinateur.
- d Je fais du théâtre.

2 Qu'est-ce que tu vas faire la semaine prochaine? Ecris des phrases.

prochain(e) – next

Exemple: Lundi, je vais aller à la pêche.

lundi
Je vais aller

mardi
Je vais écouter

mercredi
Je vais faire

jeudi
Je vais jouer

vendredi
Je vais faire

samedi
Je vais faire

dimanche
Je vais faire

3 En secret, **A** écrit trois activités pour le week-end.
B devine: *Exemple:* «Tu vas faire du dessin?»
A répond: *Exemples:* «Oui, j'adore ça/Non, c'est ennuyeux.»
B trouve les activités en **combien de questions**?

Prononciation: -ation, -ition, -assion

A La prononciation **anglaise** est 'sh' ('a competition').
Ecoute et répète la prononciation **française**:

la compé**tit**ion, une am**bit**ion, la nat**at**ion, une convers**at**ion

B Ecoute la cassette. C'est anglais ou français?
1 competition 2 passion 3 collection
4 addition 5 nation 6 action

C
- Ecoute ce rap.
- Ecoute une deuxième fois, et dis le mot souligné.

  Exemple:
  La cassette: 'Je fais de la...'
  Toi: '...natation.'
- Dis le rap avec la cassette.
- Dis le rap sans la cassette.

Je fais de la <u>natation</u>.
J'ai des <u>ambitions</u>.
Je fais de la <u>préparation</u>
Pour des <u>compétitions</u>.

J'adore les arts <u>martiaux</u>:
Je fais du <u>judo</u>.
Mais ma vraie <u>passion</u>,
C'est l'<u>équitation</u>.

4 Samedi soir, Fatima téléphone à Isabelle.
a Ecris les nombres dans le bon ordre.
b Ecoute la cassette pour vérifier.

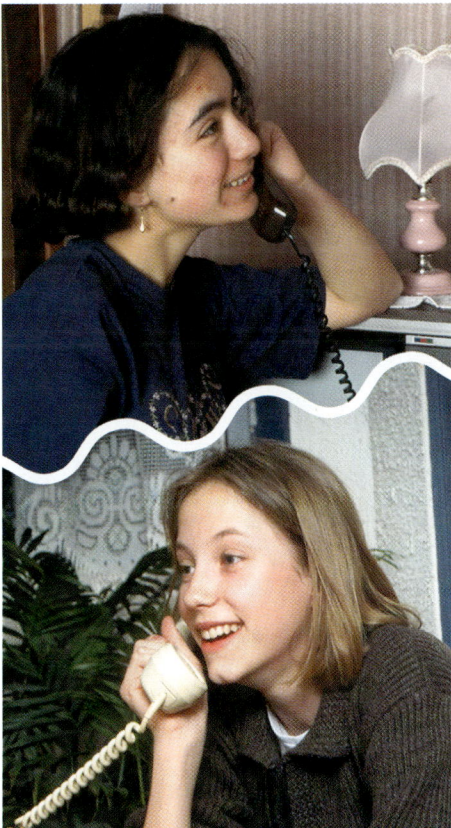

1 Pourquoi?
2 Au revoir.
3 Salut, Isabelle. C'est Fatima.
4 Oui, je veux bien! On va au bowling?
5 Allô.
6 Euh... non.
7 D'accord!
8 Salut, Fatima! Mais... tu n'es pas avec tes amis du 'Quick'?
9 Ils sont sympas, mais un peu ennuyeux. Je préfère sortir avec toi. Tu veux sortir ce soir?
10 Super! Au revoir.

1 Les grandes vacances

① Qu'est-ce que tu vas faire pendant les grandes vacances, Fatima?

⑥ Moi, je vais rester à la maison. Je vais sortir avec mes copines et ma famille. Je vais faire des randonnées... Et toi, Marc?

② Je vais travailler, et je vais voir Isabelle et Delphine. Et toi, Olivier?

⑦ Moi aussi, je vais voir des copains. Et je vais partir avec ma mère.

⑤ Moi, je vais aller chez ma cousine, à la campagne. Et toi, Delphine?

③ Moi, je vais aller en colonie de vacances. Je vais faire du sport. Tu vas partir en vacances, Isabelle?

④ Oui, je vais partir avec ma famille. On va faire du camping. Qu'est-ce que tu vas faire, Alexandre?

Une colonie de vacances est un camp de vacances pour enfants et jeunes. Il y a beaucoup d'activités.

1 Lis et écoute la conversation.
Fais une liste des noms pour **a**, **b**, **c**, **d** et **e**:

a petit job	b maison	c vacances	d famille	e amis
Fatima				

2 Ecoute la cassette. Six jeunes parlent des grandes vacances.
Ton ami ne parle pas français.
Réponds **en anglais**: What are they going to do during the summer holidays?
Exemple: go to a holiday camp

Phrases-clés

Qu'est-ce que tu vas faire pendant les grandes vacances?			
Je vais	rester à la maison travailler		
	aller	chez mes cousins (etc.)	
	faire	du sport (etc.)	
	partir sortir	avec	ma famille mes ami(e)s
	voir		

69 **3** Pose la question à six camarades de classe:
- Note les réponses.
- Qui va faire les mêmes choses que toi? Note les noms.

Qu'est-ce que tu vas faire pendant les grandes vacances?

4 Isabelle écrit à Katy, après sa visite.

> Rouen, le 14 Juin
>
> Chère Katy,
>
> Voici des photos de ta visite à Rouen. Elles sont super, n'est-ce pas?
>
> C'est bientôt les grandes vacances. Moi, je vais partir pour trois semaines avec mes parents et mon frère, Lucien. On va faire du camping. Ça va être génial! Mon frère Paul ne va pas venir avec nous, il va aller en colonie de vacances.
>
> Après ça, je vais rester à Rouen. Je vais voir mes copains. Je vais faire de la natation et du VTT, et je vais sortir avec Delphine et Fatima.
>
> Et toi, qu'est ce que tu vas faire? Ecris-moi bientôt.
>
> Amitiés,
>
> Isabelle

Vrai ou faux?
1 Isabelle donne des photos à Katy.
2 Isabelle va partir pour quinze jours.
3 Paul (son frère) va faire du camping.
4 Isabelle va aller en colonie de vacances.
5 Isabelle va faire du sport.

5 Ecris à ton/ta correspondant(e) français(e).
Parle de tes projets pour les grandes vacances.

J Atelier

Imagine: tu es en vacances. Tu veux te faire des amis!

Les vacances, les amis, l'amour...

Tu es en vacances.
Comment te faire des amis?
Comment parler au garçon/à la fille de tes rêves?

Voici des stratégies pour faire la conversation:

a Parle du temps.
b Pose des questions sur sa famille.
c Pose des questions sur ses passe-temps/
ses préférences.
d Propose des activités.

Préparation

1 Lis l'article. Ecoute huit conversations.
Note les stratégies de l'article (a-d).
Exemple: **1** a, ...

2 Ecris des questions complètes pour faire la conversation.
Si nécessaire, réécoute la cassette pour t'aider.

1 Il _____ beau, n'est-ce pas?
2 Tu as des _____ ou des sœurs ?
3 Quelles sont tes _____-_____?

4 Tu _____ la natation?
5 Tu veux _____ en ville?

3 Travaillez à deux ou en groupe.
Inventez six autres questions.

Exemples:

Tu veux aller … ?

nom?

âge?

4 Regarde les questions des exercices 2 et 3.
Ecris **tes** réponses.

L'activité: à toi!

5 **a** Choisis une identité: **A**, **B**, **C** ou **D**.
Travaille avec ton/ta partenaire.
Vous êtes en vacances.
Inventez un sketch!

Identité A: Kévin Leclerc

âge: 15 ans
famille: 1 frère, 2 sœurs
aime: le sport, les films, collectionner
les badges
déteste: le hard-rock

Identité B: Marianne de Caunes

âge: 16 ans
famille: enfant unique
aime: l'équitation, le ski, la danse, le
dessin
déteste: le rap, le tennis de table

Identité C: Marie-Claire Mairot

âge: 16 ans
famille: 3 sœurs
aime: le dessin, les sports d'hiver, le
tennis de table
déteste: la natation, la musique
classique

Identité D: André Turek

âge: 15 ans
famille: 2 frères, 2 sœurs
aime: la natation, le cinéma, la
photographie, la musique
déteste: l'équitation

b Invente un autre sketch avec ton/ta partenaire.
Ton identité? **Toi-même!**

K Révision

J'ai mal...

1 Dans le miroir

Ecris les phrases correctement!

1 J'ai mal à l'estomac.
2 J'ai mal aux jambes.
3 J'ai mal à la main.
4 J'ai mal à la tête.
5 J'ai mal à la gorge.
6 J'ai mal aux pieds.
7 J'ai mal aux bras.

2 Identifie les symptômes!
C'est quelle phrase de l'exercice 1?
Exemple: Mélanie – 5

crié – shouted

> Hier, je suis allée à un match de football. J'ai beaucoup crié pour mon équipe!
Mélanie

> Cet après-midi, j'ai mangé deux glaces, un paquet de biscuits, et du chocolat.
Xavier

> Hier, j'ai fait soixante kilomètres à vélo!
Paul

> Je suis allé au gymnase ce matin. J'ai fait deux cents pompes!
Tidiane

> Ce soir, je suis allée à un concert de hard-rock avec mon petit-ami. Je déteste le hard-rock!
Anne-France

> Aujourd'hui j'ai visité un grand musée – pendant six heures!
Sarah

3 Regarde les expressions soulignées.
Qu'est-ce qu'on dit normalement **en anglais**?!
Exemple: 1 I've got a **cast-iron** stomach!

1 Je n'ai jamais mal à l'estomac. J'ai un estomac d'autruche.
2 Je ne peux pas chanter. J'ai un chat dans la gorge.
3 Quand je regarde un film d'horreur, j'ai les jambes en coton.
4 Mon frère est obstiné. Il a une tête de mule.

Réponses: voir page 143

une autruche

Aux magasins...

un paquet de...

un litre de...

cent grammes de...

une tranche de...

un kilo de...

une boîte de...

cinq cents grammes de...

une bouteille de...

un pot de...

4 Trouve les choses à manger et à boire.
Ecris des expressions avec les quantités.

Exemple: un paquet de biscuits

ya ates onade

fro pommes mage tom bis la

lim ourt

jam cuits de terre beu rre

chi

ottes

car it ban bon anes

ps

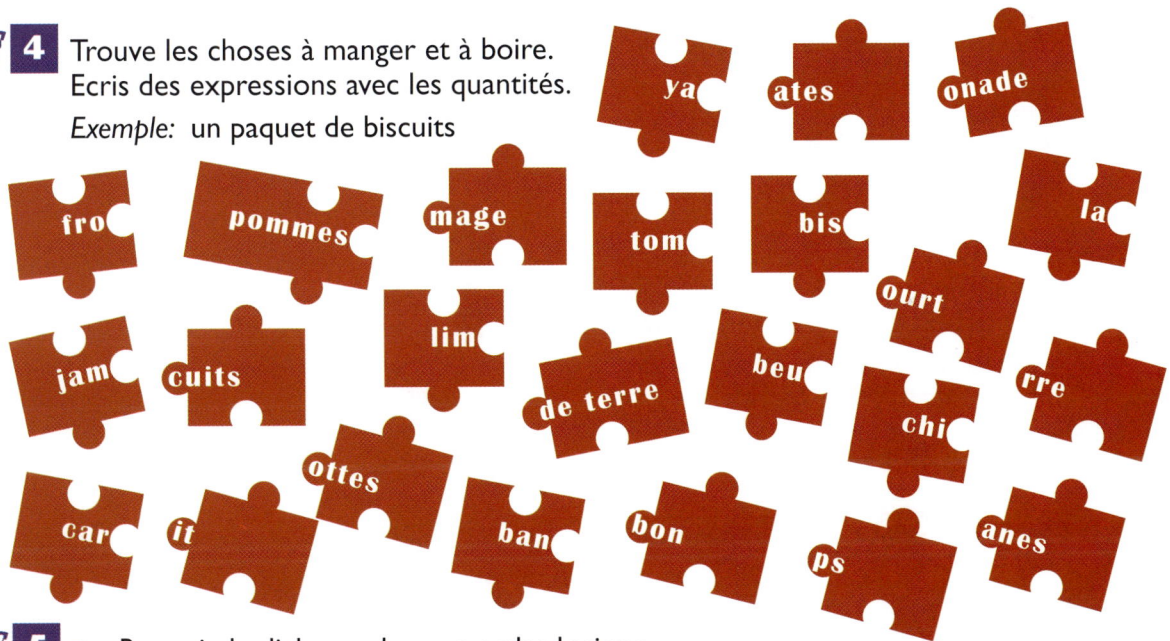

5 **a** Recopie le dialogue dans un ordre logique.

b Lis le dialogue avec un(e) partenaire. Ensuite, changez les mots soulignés.

1. Ça fait <u>30 francs</u>, s'il vous plaît.
2. Et <u>un chou</u>.
3. Voilà.
4. Et avec ça?
5. <u>Trois paquets de beurre</u> et <u>deux boîtes de tomates</u>.
6. Bonjour, Madame. Je voudrais <u>500g de pommes</u>, s'il vous plaît.
7. Oui, c'est tout. Ça fait combien?
8. C'est tout?

Réponses (ex 3):

1. I've got a frog in my throat
2. My legs are like jelly
3. He's as stubborn as a mule

Au secours!

Talking about myself and someone else

I am – je suis		he is – il est	she is – elle est
je suis britannique	I'm British	il est français	he's French
je suis sportif	I'm sporty	elle est française	she's French

I have – j'ai		he has – il a	she has – elle a
j'ai deux sœurs	I have two sisters	il a un vélo	he has a bike
		elle a des rollers	she has roller skates

Exception: I **am** 14 = j'**ai** 14 ans ('I have 14 years')

Talking about what I am doing/what I usually do

• Use verbs in the present tense.
  For example, you can use the following phrases with different endings.

je joue...	I play/I'm playing
je vais...	I go/I'm going
je fais...	I do/I'm doing
je regarde...	I watch/I'm watching
je sors...	I go out/I'm going out
j'écoute...	I listen to/I'm listening to
je travaille...	I work/I'm working

Je joue au tennis.

Je fais mes devoirs.

• Some verbs have an extra part to them. These are called 'reflexive verbs'. They often refer to actions you do to yourself.

je me réveille	I wake (myself) up
je me lève	I get up
je me lave	I get washed (I wash myself)
je me couche	I go to bed
je me relaxe	I relax
je m'appelle	I'm called (I call myself)

Talking about myself and my family/friends ('we')

- There are two words for 'we' in French: 'nous' and 'on'.
  'On' is used in less formal situations.

on joue	on va	on fait	on regarde
on sort	on écoute	on travaille	on mange

A Noël, **on fait** un repas spécial.   At Christmas, we have a special meal.
Le samedi, **on va** en ville.   On Saturdays, we go into town.

- NB 'On' also means 'you' or 'people'.
  En France, **on peut** voter à 18 ans.   In France, **you can** vote at 18.
  (...people can vote...)

Talking about the past

- When talking about the past, remember to use verbs with two parts, e.g.

j'ai joué	I played
j'ai fait	I did*
j'ai regardé	I watched
j'ai écouté	I listened to
j'ai travaillé	I worked
j'ai mangé	I ate
j'ai bu	I drank
j'ai été	I went
or	
je suis allé	I went (boy)
je suis allée	I went (girl)

> J'ai fait du vélo, j'ai joué au basket et je suis allé à la piscine!

*   'j'ai fait' can also mean 'I went ...ing',
     depending on the phrase, e.g.
     j'ai fait du vélo I went cycling

- To say what 'we' did:

j'ai fait → on a fait du vélo   we went cycling
j'ai joué → on a joué au basket   we played basketball
je suis allé(e) → on est allé à la piscine we went to the swimming pool
etc.

PISCINE DUCHENE

SERIE DE 12 ENTREES
Plein tarif .... 155 F
Tarif réduit
(moins de 16 ans, plus de 60 ans) .... 125 F

FORFAIT ANNUEL
Plein tarif .... 465 F
Tarif réduit
(moins de 16 ans, plus de 60 ans) .... 375 F

GROUPES ENCADRES INSCRITS AU PLANNING (minimum 10 personnes)
Entrée unitaire .... 10,50 F
PRESTATIONS
Leçon unitaire .... 17,50 F
Carte de 10 leçons .... 155 F

Talking about the future

- To say what someone is going to do, it's the same as in English:

  je vais...   I'm going...
  je vais regarder   I'm going to watch

je vais	jouer	I'm going	to play
tu vas	jouer	you're going	to play
il va	jouer	he's going	to play
elle va	jouer	she's going	to play
on va	jouer	we're going	to play

HOTEL DE LA PLAGE

Je vais acheter des cartes postales.

Je vais regarder le match.

Je vais faire un pique-nique.

Je vais aller en ville.

Je vais jouer au tennis.

Je vais visiter un musée.

Understanding and asking questions

Some question words can come at the beginning or the end of a sentence.

qui?	who?	**Qui** est là? Tu travailles avec **qui**?
quand?	when?	**Quand** est-ce que tu finis? Tu finis **quand**?
où?	where?	**Où** est mon stylo? Tu travailles **où**?
combien?	how much?	**Combien** gagnes-tu? Tu gagnes **combien**?
	how many?	**Combien** d'heures fais-tu? Tu fais **combien** d'heures?
comment?	how?	**Comment** vas-tu au travail? Tu y vas **comment**?
	what?	**Comment** t'appelles-tu? Tu t'appelles **comment**?
	what like?	**Comment** sont tes amis? Tes amis sont **comment**?
pourquoi?	why?	**Pourquoi** aimes-tu ton travail?
qu'est-ce que?	what?	**Qu'est-ce que** tu fais, exactement?

Questions often begin with 'est-ce que', e.g. **Est-ce que** je peux aller aux toilettes?

Time (l'heure)

- As in English, there are different ways of saying what time it is:

	il est une heure	it's one o'clock
	il est deux heures dix	it's ten past two
	il est trois heures et quart	it's quarter past three
	il est trois heures quinze	it's three fifteen
	il est quatre heures et demie	it's half past four
	il est quatre heures trente	it's four thirty
	il est six heures moins vingt	it's twenty to six
	il est cinq heures quarante	it's five forty
	il est sept heures moins le quart	it's quarter to seven
	il est six heures quarante-cinq	it's six forty-five
	il est midi	it's midday
	il est minuit	it's midnight

- You can also use the twenty-four hour clock.
  This is used more often in French than in English.

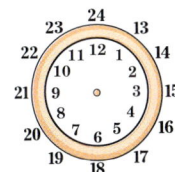

	twelve hour clock	twenty-four hour clock
14:00	il est deux heures	il est quatorze heures
19:30	il est sept heures et demie	il est dix-neuf heures trente
	il est sept heures trente	

Days of the week (les jours de la semaine)

lundi	Monday	hier	yesterday
mardi	Tuesday	aujourd'hui	today
mercredi	Wednesday	demain	tomorrow
jeudi	Thursday	la semaine dernière	last week
vendredi	Friday	la semaine prochaine	next week
samedi	Saturday		
dimanche	Sunday		

Months (les mois)

janvier	January	juillet	July
février	February	août	August
mars	March	septembre	September
avril	April	octobre	October
mai	May	novembre	November
juin	June	décembre	December

Dates (les dates)

le 2 février (le deux février)	2nd February
le 3 mars (le trois mars)	3rd March
le 31 mai (le trente et un mai)	31st May
le 1er janvier (le **premier** janvier)	1st January

Numbers (les numéros)

1	un	21	vingt et un
2	deux	22	vingt-deux
3	trois	23	vingt-trois (etc.)
4	quatre		
5	cinq	30	trente
6	six	40	quarante
7	sept	50	cinquante
8	huit	60	soixante
9	neuf	70	soixante-dix
10	dix	71	soixante et onze
11	onze	72	soixante douze
12	douze	80	quatre-vingts
13	treize	81	quatre-vingt-un
14	quatorze	90	quatre-vingt-dix
15	quinze	91	quatre-vingt-onze
16	seize	100	cent
17	dix-sept	101	cent un
18	dix-huit	200	deux cents
19	dix-neuf	1000	mille
20	vingt		

Jeux!

les mois et les jours

1 Peux-tu identifier les mois et les jours?
Ecris les mots.

Exemples: **1** mai   **2** décembre

1 ☐☐☐̇

2 ☐'☐☐☐☐☐☐☐

3 ☐☐☐☐̇☐☐

4 ☐☐☐☐̇☐

5 ☐☐☐^☐

6 ☐̇☐☐☐̇☐

7 ☐☐☐☐☐☐☐☐

8 ☐☐̇☐☐☐☐☐☐

9 ☐̇☐☐̇☐☐☐☐☐

10 ☐'☐☐☐☐̇☐☐

les numéros

2 Un message en code!
Voici le code :

4 (3e) = quatre (note la troisième lettre) → qu**a**tre **a**

32 (9e) = trente-deux (note la neuvième lettre) → trente-de**u**x **u**

a Ecris les mots. Trouve les lettres.
Complète le message: 'Au...'

Le message

4 (3e)	32 (9e)		23 (7e)	12 (5e)	80 (7e)	60 (2e)	18 (6e)	13 (2e)
2 (2e)	21 (5e)	B	14 (5e)	19 (4e)	100 (3e)	50 (9e)		
45 (9e)	38 (7e)	70 (5e)	11 (2e)	200 (5e)	15 (6e)			

b Ecris des mots en code pour ton/ta partenaire.

Vocabulaire

nm   masculine noun
nf   feminine noun
pl   plural
adj   adjective

adv   adverb
v   verb
prep   preposition
pron   pronoun

français-anglais

A

abord: d'abord first
absolument adv absolutely
acheter v to buy
adolescent(e) nm/f teenager
affreux(se) adj awful
agréable adj pleasant
aider v to help; à l'aide de with the help of
ajouter v to add
aliment nm food
amour nm love
an nm year; le Nouvel An New Year
ancien(ne) adj old; former
anglais(e) adj English
année nf year
apparaître v to appear; il est apparu it/he appeared
apporter v to bring
après adv after
après-midi nm the afternoon; l'après-midi in the afternoon(s)
arts martiaux nmpl martial arts
ascenseur nm lift
assez adv quite; enough
attention be careful
aussi also, as well
autre adj other; different
autruche nf ostrich
avancer v to move forward, advance
avec prep with

B

baladeur nm personal stereo
ballon nm ball
bande nf bandage
basé(e) sur adj based on
batterie nf drums
beau adj beautiful, fine, handsome

beaucoup adv a lot
bébé nm baby
bête adj stupid
beurk! yuk!
billet nm ticket
boisson nf drink
bol nm bowl
bon(ne) adj good; correct
boules nf French bowling
boxe nf boxing
brûler v to burn

C

camarade nm/f friend, pal
carte de vœux nf greetings card
case nf box
casser v to break
célèbre adj famous
cercle nm circle
chance nf luck, avoir de la chance to be lucky
chanson nf song
chanter v to sing
chanteur(euse) nm/f singer
chaque adj each, every
chat nm cat
châtain adj chestnut
chauffer v to heat
chinois adj Chinese
chose nf thing
cidre nm cider
classement nm placings, list
collège nm school (11-15 years)
combien how much; how many
combinaison nf combination
commander v to order
comme as; like
commencer v to start, begin
comment how; what; what like

commun: en commun in common, the same

complet(ète) *adj* complete; full

comprendre *v* to understand

conduire *v* to drive

conseils *nmpl* advice

contraire *nm* opposite

contrat *nm* contract

contre *prep* against; par contre on the other hand

corbeille *nf* basket

corps *nm* body

correspondant(e) *nm/f* penfriend

corriger *v* to correct

Corse *nf* Corsica

coton hydrophile *nm* cotton wool

couper *v* to cut

coûter *v* to cost

couvert(e) de covered in

créer *v* to create

crêpe *nf* large pancake

crudités *pl* raw sliced vegetables

cuillère *nf* spoon; cuillère en bois wooden spoon; cuillère à soupe tablespoon; cuillère à café teaspoon

cuisine *nf* kitchen; cooking

cuisinier(ère) *nm/f* cook

D

dé *nm* die/dice

début *nm* beginning

découvrir *v* to discover

décrire *v* to describe

dehors *adv* outside

déjeuner *v* to have lunch

demander *v* to ask

se dépêcher *v* to hurry; dépêche-toi hurry up

déposer *v* to put; lay

descendre *v* to come down; go down

dessin *nm* drawing

dessiner *v* to draw

deviner *v* to guess

devoirs *nmpl* homework

discuter *v* to discuss

dois: je dois I must, I have to

donner *v* to give

douche *nf* shower

dur(e) *adj* hard

durée *nf* length, duration

durer *v* to last

E

eau *nf* water

école *nf* school

écouter *v* to listen

écrire *v* to write

élève *nm/f* pupil

employer *v* to use

encore *adv* still; again

endroit *nm* place

enfant *nm/f* child

enregistrer *v* to record

ensuite then; next

entre *prep* between

entrée *nf* entrance; admission; starter, first course

environ *adv* about, around

équilibré *adj* balanced; mangez équilibré eat a balanced diet

équipe *nf* team

Espagnol(e) *nm/f* Spaniard

essayer *v* to try

étage *nm* floor

étape *nf* stage

Etats-Unis *nmpl* the United States

étranger(ère) *adj* foreign

étudiant(e) *nm/f* student

événement *nm* event

examen *nm* exam

exposé *nm* talk

expression *nf* phrase

extérieur *nm* outside

F

fana *nm/f* fan

farine *nf* flour

faux(sse) *adj* false

femelle *nf adj* female

femme *nf* woman

fermé(e) *adj* closed

fête *nf* festival; holiday; celebration; name-day

fille *nf* daughter; girl

fin *nf* end

fleur *nf* flower

fois *nf* time; une fois once

français(e) *adj* French

frites *nmpl* chips

fromage *nm* cheese

fut was

G

gagner *v* to win; to earn
garçon *nm* boy
gardien de but *nm* goalkeeper
gratuit(e) *adj* free
grenouille *nf* frog
grille *nf* grid

H

hébergement *nm* accommodation
hippocampe *nm* seahorse
histoire *nf* history; story
homme *nm* man
huile *nm* oil

I

identique *adj* identical
île *nf* island
image *nf* picture
important *adj* important; large
infidélité *nf* infidelity; unfaithfulness
insolation *nf* sunstroke
interdit(e) *adj* forbidden
intérieur *nm* inside
intrus *nm* odd one out

J

jamais never
jambon *nm* ham
japonais(e) *adj* Japanese
jeter *v* to throw
jeu *nm* game; jeu de société *nm* board game
jeune *adj* young; *nm/f* young person
joueur(euse) *nm/f* player
jour *nm* day
journée *nf* day
juif(ve) *adj* Jewish
jupe *nf* skirt
juste *adj* fair

L

laisser *v* to leave; to let
lait *nm* milk
lapin *nm* rabbit
lectrice *nf* reader
légume *nm* vegetable
lettre *nf* letter
leur(s) their
lien *nm* link
lire *v* to read; lis le roman-photo read the photo story
logique *adj* logical

loisirs *nmpl* leisure activities
longtemps *adv* (for) a long time
louche *nf* ladle
lui him; to him

M

maillot *nm* jersey; maillot de bain *nm* swimming costume
mâle *nm adj* male
marché *nm* market
maritime *adj* maritime, sea
matin *nm* the morning; le matin in the morning(s)
médecin *nm/f* doctor
mélange *nm* mixture
mélanger *v* to mix
même *adj* same; *adv* even
mémoire *nf* memory; de memoire from memory
mère *nf* mother
métronomique *adj* regular (like a metronome)
mettre *v* to put on
mieux better; le mieux the best
mignon(ne) *adj* sweet, cute
mobylette *nf* moped
moins less, fewer; le moins the least; au moins at least
montre *nf* clock, watch; contre la montre against the clock
montrer *v* to show
morceau *nm* piece
mort(e) *adj* dead
mosquée *nf* mosque
mot *nm* word
moto *nf* motorbike
musculation *nf* weight training
musulman(e) *nm/f* Moslem, Muslim

N

né(e) *adj* born
négligé(e) *adj* slovenly; sloppy
nez *nm* nose
nom *nm* name
nommer *v* to name
normalement *adv* normally
nourriture *nf* food

O

obstiné(e) *adj* stubborn, obstinate
œuf *nm* egg

offrir *v* to give
oignon *nm* onion
oiseau *nm* bird
opposé(e) *adj* opposite
ordinateur *nm* computer
ou or
où where
ouvert(e) *adj* open

P

pansement *nm* sticking plaster
pantalon *nm* trousers
paparazzis *nmpl* paparazzi, reporters
Pâques *nm/nfpl* Easter
par by; per; une heure par jour an hour a
   day
parapluie *nm* umbrella
parce que because
pardon excuse me
parfois *adv* sometimes
parking *nm* car park
parler *v* to talk; to speak
parole *nf* word
partir *v* to leave; to go away; to go on
   holiday; à partir de (starting) from
pas not
passionné(e) de *adj* mad about
pâte *nf* pastry; dough; mixture
pays *nm* country
peintre *nm/f* painter; artist
peinture *nf* painting
pendant *prep* during; for
penser *v* to think
père *nm* father
personnage *nm* character
Pessah *nf* Passover
petit *adj* little, small; petit à petit little by
   little, gradually
peu little; un peu a little
peux: je peux I can; can I?
phrase *nf* sentence
physique *adj* physical; *nf* physics
pierre *nf* stone
pion *nm* counter
plage *nf* beach
plat *adj* flat; *nm* dish; plat principal main
   course
plus more; le plus the most; en plus what's
   more
plusieurs *adv* several

poche *nf* pocket
poêle *nf* frying pan
poire *nf* pear
poisson *nm* fish
pomme de terre *nf* potato
pomme *nf* apple: pomme de pin pine cone
popularisé(e) *adj* made popular
porter *v* to carry; to wear
poser *v* to put; poser une question to ask a
   question
poudrerie *nf* (*Canada*) blizzard; drifting
   snow
poulet *nm* chicken
pourquoi why
pousser *v* to push
pratiqué(e) *adj* practised
préféré(e) *adj* favourite
premier(ère) *adj* first
prendre *v* to take; j'ai pris I took
préparer *v* to prepare; to make
pris (see prendre)
prisonnier(ère) *nm/f* prisoner
prix *nm* prize; price
probablement *adv* probably
produit *nm* product; produits laitiers dairy
   products
profil *nm* profile
projet *nm* plan
se prononcer *v* to be pronounced
proposer *v* to suggest
provisions *nfpl* provisions; food; groceries
pull *nm* pullover, jumper

Q

qu'est-ce que what
quand when
que that
quel(le) which; what
quelqu'un someone
quelque chose something
qui who
quitter *v* to leave
quoi what

R

raisonnable *adj* reasonable, fair
recette *nf* recipe
recommander *v* to recommend
recopier *v* to copy
reculer *v* to move back; reverse
réécouter *v* to listen again

réel(le) *adj* real

regarder *v* to look at; to watch

régulièrement *adv* regularly

relations *nfpl* relationship

relier *v* to match up; to join up

remplacer *v* to replace

rencontrer *v* to meet

rentrer *v* to go back (home)

répondre *v* to answer, reply

réponse *nf* answer, reply

reposer *v* to rest; se reposer to rest; to have a rest

rester *v* to stay

resto (abbreviation) restaurant

résultat *nm* result

retard: en retard late

retourner *v* to turn: to return

rêve *nm* dream

revenir *v* to come back

rhythmé(e) par given rhythm by

ridicule *adj* ridiculous

rimer *v* to rhyme

riz *nm* rice

robe *nf* dress

roman-photo *nm* photo-story

roue *nf* wheel

roulette *nf* small wheel

rue *nf* street

S

s'intéresser à *v* to be interested in

sac *nm* bag

salle à manger *nf* dining room

salle de bains *nf* bathroom

samplé(e) *adj* sampled

sans *prep* without

savoir *v* to know

scolaire *adj* school

sel *nm* salt

serviette *nf* towel

seulement *adv* only

si if

siffler *v* to whistle

soir *nm* the evening; le soir in the evening(s)

son *nm* sound

sondage *nm* survey

souligné(e) *adj* underlined

souris *nf* mouse

sous *prep* under; sous forme de in the form of

souvent *adv* often

stage *nm* course

structuré(e) *adj* structured

sucre *nm* sugar

sucré(e) *adj* sweet

suit (see suivre)

suivre *v* to follow

T

tarte *nf* tart; tarte aux pommes apple tart

temps *nm* time; weather

totaliser *v* to add up

toujours *adv* always; still

tourner *v* to stir

tournoi *nm* tournament

tout de suite *adv* immediately

travailler *v* to work

très *adv* very

tribu *nf* tribe

trop *adv* too; too much

trouver *v* to find

U

utile *adj* useful

V

vaisselle *nf* washing up

vendeur(euse) *nm/f* shop assistant

venir *v* to come

vérifier *v* to check

verser *v* to pour

vêtements *nmpl* clothes

viande *nf* meat

vie *nf* life

vient (see venir)

vin *nm* wine

vite *adv* quickly; hurry up

voiture *nf* car

voler *v* to fly, steal

vrai(e) *adj* true; real

vraiment *adv* really

Y

yaourt *nm* yoghurt

anglais-français

A

afternoon *n* après-midi *m*; in the afternoon l'après-midi

also *adv* aussi

and et

aunt *n* tante *f*

B

because parce que

big *adj* grand(e)

book *n* livre *m*

boring *adj* ennuyeux(euse)

boy *n* garçon *m*

brother *n* frère *m*

but mais

bye salut

C

can I…? je peux…?

cassette *n* cassette *f*

chair *n* chaise *f*

clothes *npl* vêtements *mpl*

computer *n* ordinateur *m*

D

day *n* jour *m*

dear *adj* cher (chère)

desk *n* pupitre *m*

difficult *adj* difficile

do *v* faire (je fais)

door *n* porte *f*

E

easy *adj* facile

evening *n* soir *m*; in the evening le soir

every *adj* chaque; every day chaque jour, tous les jours

excuse me pardon

exercise book *n* cahier *m*

F

father *n* père *m*

G

girl *n* fille *f*

go *v* aller (je vais)

goodbye au revoir

grandfather *n* grand-père *m*

grandmother *n* grand-mère *f*

Great Britain *n* Grande-Bretagne

H

half-brother *n* demi-frère *m*

half-sister *n* demi-sœur *f*

hard *adj* dur(e)

headphones *n* casque *m*

hi salut

hobby *n* passe-temps *m*

homework *n* devoirs *mpl*; I do my homework je fais mes devoirs

how comment

I

if si

L

light *n* lumière *f*

like *v* aimer (j'aime)

M

man *n* homme *m*

morning *n* matin *m*; in the morning le matin

mother *n* mère *f*

N

neighbour *n* voisin *m* voisine *f*

normally *adv* normalement

now maintenant

O

often *adv* souvent

or ou

P

pen *n* stylo *m*

pencil case *n* trousse *f*

pencil *n* crayon *m*

Q

quite *adv* assez

R

really *adv* vraiment

rubber *n* gomme *f*

ruler *n* règle *f*

S

singer *n* chanteur *m*, chanteuse *f*

sister *n* sœur *f*

step-father *n* beau-père *m*

step-mother *n* belle-mère *f*

T

table *n* table *f*

teacher *n* professeur *m/f*

today aujourd'hui

toilet *n* toilettes *fpl*

tomorrow demain

too trop; too big trop grand; (*as well*) aussi

U

uncle *n* oncle *m*

V

very *adv* très

W

week *n* semaine *f*

what qu'est-ce que; what do you do at the weekend? qu'est-ce que tu fais, le week-end?

when quand

where où

why pourquoi

with avec

woman *n* femme *f*

Y

yesterday hier

Questions, réponses ... ons

527161

Dans ce livre ... in this book

Ecoute la cassette (réécoute…)	Listen to the cassette (listen again…)
Regarde les images	Look at the pictures
Vérifie tes réponses	Check your answers
C'est vrai ou faux?	Is it true or false?
Dessine ☺ ou ☹	Draw ☺ ou ☹
Lis le roman-photo	Read the photo story
Ecris les lettres dans le bon ordre	Write the letters in the right order
Relie les phrases et les symboles	Match up the sentences and the symbols
Pour t'aider	To help you
Emploie un dictionnaire	Use a dictionary
Trouve l'intrus	Find the odd one out
Recopie les mots dans deux listes	Copy down the words in two lists
Pour chaque image…	For each picture…
Ecris une phrase/une expression	Write a sentence/a phrase
Ecris à ton/ta correspondant(e)	Write to your penfriend
Réponds à ses questions	Answer his/her questions
Corrige…	Correct…
Parle de…	Talk about…
Décris…	Describe…
Pose des questions à ton/ta partenaire	Ask your partner questions
Demande-lui…	Ask him/her…
Travaillez à deux	Work in twos
A dit une lettre…	A says a letter…
B essaie de deviner…	B tries to guess…
Ensuite, changez de rôle	Next, swap parts
Changez les mots soulignés	Change the underlined words

Avec ton/ta professeur — With your teacher

Pardon, Madame/Monsieur	Excuse me, Miss/Sir
Comment dit-on 'book' en français?	What is 'book' in French?
Je ne comprends pas	I don't understand
Pouvez-vous répéter, s'il vous plaît?	Could you repeat that, please
J'ai oublié mon cahier	I've forgotten my exercise book
J'ai fini	I've finished
Excusez-moi, Madame/Monsieur	I'm sorry, Miss/Sir
Est-ce que je peux aller aux toilettes?	Can I go to the toilet?

Avec ton/ta partenaire — With your partner

Tu es A, moi, je suis B	You're A, I'm B
Qui commence?	Who's starting?
Moi, je commence	I'll start
Toi, tu commences	You start
C'est à moi/c'est à toi	It's my turn/it's your turn
Tu as une gomme, s'il te plaît?	Have you got a rubber, please?